반야심경의 진실

**반야심경의 진실**

초판 1쇄 발행 2013년 9월 13일

지은이 | 석암 스님

펴낸이 | 이의성
펴낸곳 | 지혜의나무
등록번호 | 제1-2492호
주소 | 서울시 종로구 관훈동 198-16 남도빌딩 3층
전화 | (02)730-2211 팩스 | (02)730-2210

ⓒ석암

ISBN 979-11-85062-03-7  03220

* 잘못된 책은 바꾸어 드립니다.

# 반야심경의 진실

석암 지음

지혜의나무

# 책을 내면서

　『반야심경』하면 참으로 많이 독송하는 경전입니다. 불교종파에 개의하지 않고 행사나 의식 때마다 간단하면서도 심오한 뜻이 담긴 반야심경을 독송합니다. 그리고 그 짧은 경전을 이해하려고 많은 사람들이 해설서를 읽고 공부를 합니다.

　필자도 반야심경을 출가하면서 무수히 많이 독송해 왔습니다. 예불과 기도를 주업(主業)으로 삼아오던 시절이 있기에 반야심경은 필히 없어서는 안 될 경전이었습니다. 초심시절에는 반야심경을 독송하는 데만 그치고 그 안에 가지고 있는 깊은 속뜻은 잘 몰랐습니다.

　어느 날 자신을 살펴보니 관심을 갖고 보는 경전은 모두 반야부 계통의 경전이었습니다. 『금강경』·『문수반야경』·『반야심경』·『팔천송반야경』·『대지도론』 등으로 반야바라밀을 이해하고자 애를 쓰는 것을 보게 되었습니다. 홀로 고준하게 빛나는 반야를 자세히 알고자 하는 것은 우연한 일이 아닙니다. 수행자는 반야를 얻으려고 정진하는 사람이고, 지혜의 완성의 길에 반야바라밀은 없어서는 안 될 중요한 요소이기 때문입니다.

세월이 지나 우주서적을 여러 권을 읽는 중 나는 무척 놀랐습니다. 지금은 천문학과 물리학이 최고조로 발달한 시대여서 우주의 놀라운 비밀을 서서히 밝혀내고 있습니다. 밝혀진 비밀의 내용이 어쩌면 대승불교의 사상과 반야심경의 내용인 공, 그리고 반야바라밀 등과 일맥상통하는 부분이 많은지 신기하기도 하고 반야바라밀의 이치는 반야심경 안에서뿐만 아니라 광활한 우주에 펼쳐져 살아있는 것입니다. 그래서 대승불교사상과 우주작용의 상관관계를 밝히려고 하였습니다.

우주에서 아직 그 실체가 밝혀지지 않은 암흑물질이 불교에서 말하는 진공묘유의 도리와 다르지 않음을 알 때, 그 환희의 감동은 붓다의 진정한 존경심으로 이어져 갔습니다. 우주의 융합인 다중우주는 극락세계를 현실적 상상으로 이끌기에 충분하였습니다. 붓다는 우주의 비밀을 지혜가 완성된 눈으로 꿰뚫어 보았던 것입니다.

우리는 사물이나 허공을 바라볼 때 방향과 높이가 모두 틀립니다. 그리고 바라보는 사람의 성격이나 자질, 그리고 생각들이 모두 다릅니다. 그래서 관측자마다 반야바라밀을 바라본 결과가 다를 수 있다는 것입니다.

반야는 허공을 무대 삼아 고요히 숨어들어 있지만 관측자에 따라 이름과 모습들이 바뀌어져 왔습니다. 종교마다 교리는 달라도 심층적 차원에서 바라본 반야바라밀은 지혜의 완성과 안락의 완성이라는 고차원의 세계를 이끌어 내었습니다.

이렇기 때문에 반야바라밀은 비롯됨이 없는 우주에, 그리고 미지의 세계, 그리고 각기 다른 종교의 삶 안에 꽉 차 있어 자취 없이 활발한 작용을 하는 것입니다.

세상은 첨단 테크놀로지 시대를 지나 소리도 형상도 냄새도 없는 마음산업시대가 도래하는 미래를 예측할 수 없는 시대를 향해 나가고 있습니다. 이렇게 멈추지 않고 끊임없이 변화하는 세상에 적응을 하며 살아가려면 반야의 지혜를 알고 이해해야지 영적 세계를 형상화하려는 믿기 어려운 흐름에 혼란스러운 정신을 바로잡을 수 있을 것입니다.

반야바라밀에 의지하면 온갖 고뇌가 제거되는 반면 우리들은 일상생활에서 스트레스와 각종 정신적 질병에 시달리고 있습니다. 정신적 질환은 육체적 병으로 이어가기 때문에 현대사회에서는 마음치유를 필히 하여야 안정적이고 품격 있는 생활을 할 수 있는 것입니다. 우리들이 병이 생기면 병원에서 치료를 받아 건강한 생활을 이어가듯이 마음치유를 통해 주체적인 삶과 건전한 인생을 만들어 나가야합니다.

반야심경은 공을 나타낸 경전입니다. 대승불교에서 이 공사상은 보살과 함께 불교를 이끌어가고 있습니다. 그러나 공에 대한 이해의 어려움에 빠져 공의 집착심에서 벗어나지 못해 그저 텅 빈 공이 진

6

공이라는 견해를 일으키게 됩니다.

반야심경은 공을 통하여, 공을 활용하고 무대를 삼아 반야바라밀의 진실을 모아 놓은 경전입니다. 그래서 공에서 벗어나 반야바라밀이란 진공묘유에 관점을 두어야 한다는 것입니다.

반야심경의 해설서가 100여 종이 넘는다고 합니다. 많은 해설서에 또 필자가 반야심경을 집필하는 이유는 심경의 속뜻을 알려주기 위해서이고, 우주를 통해 불교를 알리기 위해서이며, 조금이라도 독자들이 반야심경을 쉽게 이해하는 데 도움이 되었으면 하는 바람에서 책을 쓰게 되었습니다.

반야심경을 통해 반야바라밀을 완전히 이해하고 집필하는 것은 어려운 일입니다. 그러나 어렵다고 해서 실행에 옮기지 않는다면 이 또한 반야바라밀의 뜻에 어긋나는 일입니다.

이 반야심경의 진실을 읽고 나서 반야바라밀을 이해하고 체험하는 수행자가 한 사람이라도 있다면 나는 그에게 환희의 삼배를 올릴 것입니다.


2013년 사명산에서

# 차례

# 제1장
# 반야의 탄생

# 반야경이란

부처님 법을 망망대해에 비유를 하곤 합니다. 부처님의 넓고 깊은 마음 법의 가르침이 끝도 모르고 깊이도 알 수 없는 푸르디푸른 청정바다에 들어있다는 것입니다.

대해(大海)는 고요하고 웅장하다고 하지만 그 속을 들여다보면 많은 생물과 미생물, 그리고 무생물들이 활발하게 살아가고 있는 터전입니다. 부처님의 가르침도 마찬가지로 깨끗하고 무심한 마음바다 안에서 헤아릴 수 없는 무수한 보물들이 서로가 서로를 비추며 아름답게 빛나고 있습니다. 그 보물중 하나가 부처님의 말씀인 경전인데, 경전에도 여러 종류가 있습니다.

바다에는 눈에 보이지 않는 아주 작은 플랑크톤에서부터 비중이 있는 큰 고래들이 살아가고 있지만 작고 가볍다 하여 쓸모없는 것이 아니라 저마다 개성이 살아있고 중요한 역할이 주어져 있는 것이고 그 안에서 서로의 존재를 이어주는 충실한 보살로서 빠져서는 안 되는 중요한 역할을 하는 것입니다.

부처님 말씀인 경전도 마찬가지입니다. 중생의 자질을 감안하여 설한 아함경에서부터 부처님 깨달음의 경계를 바로 보여주는 화엄경까지 소승과 대승의 무수한 법문이 있는 것은 사실입니다.

혹여나 차원이 낮다고 생각하는 경전이라 하여 관심 밖으로 내몰아치면 불법의 일원상을 만들어내지 못하고 한쪽으로 치우친 공부가 될 것입니다.

하나하나의 경전이 가지고 있는 고유의 특성을 이해하고 공부해 나가면 점차 튼실하고 고풍스러운 내면의 집과 정원이 완성돼 비바람과 지진에도 흔들리지 않고, 말없이 포효하는 사자의 당당한 기풍을 만천하에 드러내 놓는 것입니다.

처음에는 여러 경전을 공부하여 바다의 넓고 깊음을 알고 그 안의 보물들을 헤아려 보는 것이지만 기초적인 수준을 벗어나면 평생수지 독송할 경전을 고르는 작업을 잊지 말아야 합니다. 왜냐하면 하나의 경전에 통달하게 되면 다른 경전도 이해할 수 있기 때문입니다.

그렇게 경전을 열심히 수지독송(受持讀誦)하고 사유(思惟)하여 달통하게 되면 한 마리 향기롭고 아름다운 고래가 되어서 부처님의 근본 마음인 청정한 바다를 머금어 내면의 고귀하고 기풍 있는 보물들을 펼쳐 보이며 자신이 원하는 세상을 향해 힘차게 나갈 수 있기 때문입니다.

『반야심경』은 불자들이 참으로 많이 독송하는 경전입니다. 사찰 행사와 법회 때 빠지지 않고 독송하는 반야심경은 불교의 많은 종파를 통합하고 한마음이 되어 열심히 지송하는 경전이며, 대승불교의 정수(精髓)이고, 영원토록 변치 못할 베스트셀러인 것입니다.

반야심경은 반야부의 경전들이 설하는 중심사상을 간략히 압축하여 엑기스만을 제시한 반야부의 꽃이라고 할 수 있습니다. 이 경전의 해석서만 하더라도 100여 종이 훌쩍 넘어섰고, 불교에 귀의하지 않은 사람들도 이 반야심경만큼은 종교의 벽을 넘어선 가르침이기에 많은 이들이 매력을 느끼고 관심을 가져 온 특출한 경전입니다.

반야심경은 260자의 짧은 구절이지만 왜 그토록 어렵고 잘 이해되지 않는 말씀을 알고 풀고 싶어 할까요.

그것은 대승불교의 기초 핵심사상이며, 우주만물을 이해할 수 있는 가르침인 반야바라밀에서도 진공묘유(眞空妙有)의 위대한 사상이 들어있기 때문일 것입니다.

반야심경이 속해있는 반야부 경전이란 무엇일까요.

천태지의(531~597)의 교상판석(敎相判釋)이란 교학을 가르는 오시교(五時敎)에 의지하면, 법화경 제4 신해품(信解品)을 근거로 하여 경전의 위치와 교화의 순서를 나열하고 있습니다.

"장자의 아들이었지만 어렸을 때 집을 나가 거지가 되어 고난을 겪으면서 떠돌다가 어느 날 아버지 집에 도착하여 대문 밖에서 기웃

거렸습니다. 장자는 그 거지가 자신의 아들임을 대번에 알아보고 붙잡으려 하였으나 거지는 그만 놀라고 두려워하며 도망을 가는 것이었습니다. 이를 본 아버지는 방편으로 하인을 시켜 그를 유인하여 똥오줌을 치우는 품팔이를 하도록 하였습니다. 그렇게 해서 차츰차츰 그 집 분위기에 익숙해져서 출입을 자유롭게 하다 보니 그 집안의 재산을 훤하게 알 수 있었고, 그때서야 아버지는 그를 불러 전 재산을 관리하도록 배려를 하였고, 그가 점점 성숙해지자 여러 사람이 모인 자리에서 자기 아들이란 이야기를 하며 그 아들에게 자신의 모든 재산을 물려주겠노라 공포하는 내용입니다."

이런 간단하고 쉬운 비유의 이야기 안에는 부처님께서 일생에 걸쳐 설하신 교화의 순서와 내용들이 그대로 녹아 스며들어 있습니다.

일반적으로 아들이 처음 아버지를 만나 놀랐고 두려웠던 때를 궁자경포 화엄시(窮子驚怖 華嚴時)라 하여 화엄경을 설했을 때와 같다고 보는 것입니다. 부처님께서 처음 깨달음을 얻으시고 중생의 자질을 감안하지 않고 부처님의 깨달은 내용을 곧바로 설했기 때문에 자질이 낮은 중생들은 놀라고 두려웠다는 것입니다.

그래서 중생(아들)의 자질에 맞춰 방편으로 똥을 치우고 품삯을 받는 것은 아함경을 설할 때로 보는 것입니다. 그래서 제분정가 아함시(除糞定價 阿含時)라 하였습니다. 여러 해가 지나서 그 집에 자유롭게 출입할 때를 방등부 경전을 설할 때로 출입자재 방등시(出入自在

16

方等時)라 표현을 하였던 것입니다.

그 이후 편안한 마음으로 출입이 자유로운 아들은 집안 살림이 눈에 띄어 점점 온 집안 살림을 알게 된 때를 영지보물 반야시(令知寶物般若時)라 하였고, 그리고 후에 사람들 앞에서 장자의 모든 재산을 상속하는 일을 전부가업 법화열반시(傳付家業 法華涅槃時)라 하여 법화경과 열반경을 설할 때를 부처님의 모든 사상과 진리를 남김없이 보여 상속하는 것으로 비유한 것입니다.

이 비유는 부처님께서 49년 동안 중생을 교화한 년도와 같은 것으로 화엄경은 3 · 7일간이었고, 아함경은 12년, 방등부는 8년간이며, 600부 반야부는 21년간 설하셨습니다. 그리고 최후 입멸하시기전까지 8년간은 법화열반경을 설하였습니다.

반야경은 부처님께서 교화한 49년 세월 중에서 21년에 걸쳐서 방대하게 설해진 중요한 경전입니다. 그것은 대승불교가 가지고 있는 거룩한 사상의 시발점이자 종결점이기에 청취자에게 쉼 없이, 그리고 귀에 못이 박히도록 누누이 말씀하신 것입니다. 그렇기에 반야부 경전은 종류도 다양하고 내용도 한 주제만을 다룬 경전도 있는데, 우리들이 잘 알고 있는 『금강반야경』·『문수반야경』 등이 여기에 속한경전입니다.

반야경으로 널리 알려진 것으로는 현장스님이 변역한 『대반야바라밀경』 600권입니다. 이것은 16부분으로 나뉘어져 있으나, 초기부터 이렇게 분량이 방대한 것은 아니며, 작은 경전이 몇 권 존재했던

17

것을 후대에 한군데에 모아서『대반야바라밀경』600권이 된 것입니다. 가장 오래된 것은 지루가참이 번역한『도행반야경』10권입니다. A.D. 1세기에도 이 경전은 이미 존재하고 있었습니다.

그 밖에『소품반야경』·『대품반야경』·『이만오천송반야경』·『광찬반야경』·『방광반야경』·『십만송반야』·『선용맹문반야』·『이취반야경』 등이 유명합니다.

탈무드에는 부모가 자식을 교육시키는 방법이 있습니다. 그것은 고기를 잡아 자녀에게 주기보다는 고기 잡는 방법을 가르쳐야 한다는 것입니다.

『반야경』은 부처님께서 자식인 중생들에게 보물이 있는 곳을 알게 해 닦아 찾아 쓰는 방법을 전수해 주는 창조하는 지혜, 고차원적 행복, 존귀한 힐링, 무한한 소프트웨어의 붓다프로젝트인 것입니다.

# 『반야심경』 어플리케이션

　『반야심경』은 반야경의 사상을 압축해서 짧은 경전으로 만들어
놓은 것입니다. 짧다 해도 불교의 중요한 교리를 반야바라밀 사상과
광활한 대우주 안에서 희석 융합해서 설해진 말씀이라 평생을 공부
해도 그 이치를 확실히 깨우치기는 어려운 것이 현실입니다.

　반야심경에는 일곱 종류의 번역본이 있습니다.

　(1)『마하반야바라밀다대명주경』1권, 구마라집 역

　(2)『반야바라밀다심경』1권, 현장 역

　(3)『보변지장반야바라밀다심경』1권, 법월 역

　(4)『반야바라밀다심경』1권, 반야 · 이언 역

　(5)『반야바라밀다심경』1권, 지혜륜 역

　(6)『반야바라밀다심경』1권, 법성 역

　(7)『불설성불모반야바라밀다경』1권, 시호 역

이 중에서 우리들이 독송하고 있는 『반야심경』은 중국의 현장 삼장법사가 649년에 번역한 『반야바라밀다심경』인데, 줄여서 『반야심경』, 그냥 『심경』이라 부르기도 합니다. 경의 맨 앞부분 마하(摩訶)는 후대에 붙여져 내려온 것입니다.

반야심경은 광본(廣本)과 약본(略本)이 전해져 내려옵니다. 광본은 구체적으로 다른 경전과 마찬가지로 여시아문(如是我聞. 이와 같이 저는 들었습니다)…으로 시작하지만, 약본은 간단하게 번역한 것으로 여시아문… 등 앞부분을 뺀 '관자재보살 행심반야바라밀다시'로 시작하는 것을 볼 수 있습니다.

또 반야심경은 현교(顯敎)와 밀교(密敎)의 가르침이라 할 수 있습니다.

현교는 언어문자를 바탕으로 명확하게 설명해 놓은 가르침이며, 밀교는 주문, 진언, 다라니 등으로 그 내용을 함축하여 비밀스럽게 가르침을 전하는 것입니다.

반야경은 대승불교가 출발하던 시점에서부터 나온 경전입니다. 그전 작은 테두리 안에 가두어 두었던 불교를 민중과 만 중생을 교화하기 위해 반야바라밀의 사상으로, 마음에서부터 우주에 이르는 진리를 설해 놓은 경전이 대승불교 경전인 반야경입니다. 대승경전은 반야바라밀, 즉 진공묘유(眞空妙有)의 이치를 드러낸 경전입니다. 대승경전의 최종 목적지이며, 부처님의 사상을 모두 담은 법화경과 화엄경은 경의 제목 안에 반야바라밀의 속성을 아름다운 꽃으로 묘사해 놓고 있는 것입니다.

반야바라밀을 쉽게 이해할 수 없는 것은 사실입니다. 그것은 반야바라밀의 바탕인 공(空)을 먼저 이해하고 바라볼 수 있는 혜안이 갖추어져야 하기 때문입니다. 공은 대승의 시발점이기에 수많은 경전과 대승사상이 이 공에 의해서 발전을 거듭하고 아름답게 꽃을 만들고 피웠던 것입니다.

학문적으로 공을 파악하는 것에 그치지 않고 직접 체험하고 느껴져야 올바른 반야바라밀의 길을 가는 자라 할 수 있습니다.

그렇다고 해서 반야바라밀이 어렵고 고차원적인 것만은 아닙니다.

왜냐하면 반야는 우리들과 항상 같이 하고 우리들의 몸속과 마음을 드나들며, 우리들의 눈앞에서 기쁨과 슬픔을 같이하고, 게으름을 꾸짖고, 부처님 법대로 사는 사람에게는 칭찬과 상을 주는, 너와 내가 다름이 없다는 것을 알려주려는 존재인 것입니다.

반야는 새로이 만들어서 탄생되어지는 것은 아닙니다. 늘 너와 나의 주위를 맴돌고 있지만 반야에 관심(觀心)이 없는 자에게는 새로이 태어나고 만들어진 존재라고 느껴질 뿐이며, 반야에 관심을 갖고 찾으려고 하는 자에게만 자신의 위대하고 훌륭한 아름다운 모습을 보여줄 것입니다.

이 책『반야심경의 진실』을 읽고 나서는 당신은 반야바라밀의 이치를 확실히 알고 나아가 우주법계의 진리를 당신의 것으로 만들 수 있을 것입니다. 진정한 마음의 행복이 찾아올 것이고, 평화를 이룰 것입니다. 그리고 맑고 밝은 마음이 되실 것입니다.

반야경을 영지보물 반야시(令知寶物 般若時)라 하였습니다. 마음과 우주의 무수하고 신령스러운 보물들을 중생들에게 알려주시는 부처님의 자비스럽고 인자한 모습을 우리들은 반야심경을 통해 조금이라도 그러한 사실을 엿보아야 합니다.

의상조사 법성게에는 이런 말씀이 나와 있습니다.


'능인해인삼매중(能仁海印三昧中)

번출여의부사의(繁出如意不思議)

우보익생만허공(雨寶益生滿虛空)

부처님의 해인삼매 안에서

불가사의한 여의주가 무수히 나오지만

중생을 위한 보배비가 허공에 가득 채워도'


부처님의 마음 안에는 우리들이 알 수 없는 신비스럽고 알찬, 그리고 중생을 위해서 만들어진 보배 꽃들이 무수히 많습니다.

알토란 쌀 무더기 꽃에서부터 보살의 가보(家寶)인 달덩이, 부처의 분신인 태양, 그리고 끝도 없고 한계를 지울 수 없는 환희 감동의 우주은하수들….

이 밖에도 헤아릴 수 없는, 말할 수 없는, 눈에 보이지 않는 보물들이 처처에 널려 있습니다. 그 보물들을 내 것으로 만들고 싶어 할 강한 의욕이 생길 것입니다. 세상에 아무리 큰 부자라 해도, 위대한 영웅이라 자부해도 부처님처럼 크나큰 부자도 없을 것이고, 위대한 영웅 또한 없을 것입니다.

헤아리기 어려운 보배를 가지고 있으며, 신심과 노력만으로 자신의 분신인 허공 속에서 허락 없이 찾고 꺼내서 쓸 수 있는 너무나도 큰 배려를 당신들은 알고 있습니까.

이런 분을 어찌 대부(大富)요 대영웅(大英雄)이라 하지 않을 수 있겠습니까.


중국 당나라 무착문희(無着文喜, 820~900)선사는 신심이 뛰어난 스님으로 문수보살의 진신(眞身)을 친견하기 위해 원력을 세우고 항주에서부터 오대산까지 오체투지(五體投地)의 고행을 해가며 문수보살의 영지인 오대산으로 향해 나아갔습니다.

오대산 금강굴 부근에 이르렀을 때 한 노인이 소를 거꾸로 타고 오다가 말을 걸었습니다.

'자네는 어떤 사람인데 무엇 때문에 이 깊은 산중에 앉아있는가?'

'예, 문수보살을 친견하러 왔습니다.'

'문수보살을 친견할 수 있을까.'

말끝에 노인은 그 순간과 전혀 어울리지 않는 질문을 던졌습니다.

'자네 밥 먹었는가?'

'안 먹었습니다.'

'순 생짜로군.'

그리고는 소를 타고 가버리는 것이었습니다. 무착스님은 노인이 범상치 않은 분임을 느껴 뒤를 따라갔습니다. 얼마쯤 가니 금색이 휘황찬란한 절이 나타났습니다.

'균제야.'

노인이 시자를 부르자, 시자는 뛰어나와 소를 받아 매었습니다. 잠시 뒤에 차가 나왔는데, 다완은 모두 보석으로 만들어졌고 차를 마시니 몸과 마음이 형언하기 어려울 정도로 상쾌해졌습니다.

'세상에 이런 차가 있다니!'

혼자 감탄하고 있는데 노인이 물었습니다.

'자네 어디서 왔는가?'

'남방에서 왔습니다.'

노인은 찻잔을 들고 다시 물었습니다.

'남방에도 이런 물건이 있는가?'

'없습니다.'

'이런 물건이 없다면 무엇으로 차를 먹는가?'

'말법비구가 계율을 지켜 유지합니다.'

'대중의 수는 얼마나 되는가?'

'혹 삼백 명도 되고, 오백 명도 됩니다.'

무착스님은 노인의 질문에 왠지 싱거운 생각이 들어 되물었습니다.

'여기서는 불법을 어떻게 주지합니까?'

'범부와 성현이 함께 살고, 용과 뱀이 뒤섞여 있느니라.'

'여기의 대중은 얼마나 됩니까?

'전삼삼 후삼삼(前三三 後三三).'

대중의 수를 물었는데 앞도 삼삼이요 뒤도 삼삼이라니, 무착스님으로서는 도무지 알 수 없는 말뿐이었습니다. 그럭저럭 날은 저물어가고 무착스님은 노인에게 하룻밤 자고 가기를 청하였습니다.

'염착(染着)이 있으면 잘 수 없다.'

마음에 번민과 집착이 있는 사람은 여기에서 자고 갈 수 없다는 것이었습니다.

'자네 계행을 지키는가?'

'예, 어릴 때부터 시작하여 지금까지 잘 지키고 있습니다.'

'그것이 염착이 아니고 무엇인가. 자네는 여기서 잘 수가 없네.'

노인은 시자인 균제를 시켜서 무착스님을 배웅하게 했습니다. 밖으로 나오면서 절 이름을 물으니 '반야사(般若寺)'라고 하였습니다. 그리고 전삼삼 후삼삼이라고 한 노인의 말을 도저히 이해할 수 없어 동자에게 물었습니다.

'동자여, 내가 대중의 수효를 물었는데 앞도 삼삼이요 뒤도 삼삼이라 하셨으니, 그 뜻이 무엇입니까?'

'대덕(大德)아!'

'예.'

'이 수효가 얼마나 되느냐?'

무착스님은 그 뜻을 이해할 수 없어 법문을 청했습니다.
'동자여, 나를 위해 법문을 해주시오.'


면상무진공양구(面上無瞋供養具)
구리무진토묘향(口裏無瞋吐妙香)
심리무진시진보(心裏無瞋是珍寶)
무염무구시진상(無染無垢是眞常)
성 안 내는 그 얼굴이 참다운 공양구요
부드러운 말 한마디 미묘한 향이로다
깨끗해 티가 없는 진실한 그 마음이
언제나 한결같은 부처님 마음일세.


막망상호참선(莫妄想好參禪)
불지종일위수성(不知終日爲誰性)
약지망중진소식(若知忙中眞消息)
일타홍련생비탕(一朵紅蓮生沸湯)
쓸데없는 생각 말고 부지런히 참선하라
날마다 하루 종일 누굴 위해 바쁠 건가
바쁜 중에 한가로운 소식을 알면
한 그루 연꽃이 끓는 물에 피리라.

이 게송을 듣는 순간 크게 깨달은 무착스님은 고개를 들어보니 저 멀리 보이던 절은 씻은 듯이 보이지 않았습니다. 스님은 오대산에서 돌아온 뒤에 발심을 하여 공(空)과 색(色)이 화합되도록 열심히 공부를 하였고 어디에도 걸림이 없는 도인이 되었습니다.

문수보살과 무착스님의 선문답 같은 이야기 속에는 반야의 사상과 부처님의 보물이 깊숙이 들어 있습니다.

마음에 번민과 집착이 있는 사람은 여기서 쉬어 갈 수 없다는 것은 반야의 특징이 무엇인지 잘 드러나 있습니다. 반야에 들어가는 길은 철저히 집착심에서 벗어나야 합니다.

반야사(般若寺)는 반야를 성취한 분들이 머물 수 있는 곳입니다. 그곳은 사물과 어떤 법에도 집착심이 없는 이들의 맑고 밝은 마음으로 세워진 도량입니다.

수행을 하여도 닦는다는 생각 없이 닦고, 계를 지키되 지킨다는 생각이 없는 경지에 들어야 하는 마음자리. 억지로 애써 닦으려 하는 것은 완성된 반야의 자리가 아닌 것입니다.

집착심에서 벗어나면 곧고 바르게 볼 수 있는 능력이 생깁니다. 이른 아침 희뿌연 안개가 걷히고 나면 그때서야 상쾌한 공기의 흐름과 주위의 새소리와 물소리가 선명하게 들리는 기분 좋은 아침을 맞이하는 것처럼 말입니다.

우리들의 시야에 집착심이 걷히면 마음은 가볍고, 늘 잔잔한 미소와 강하고 부드러운 내면의 에너지, 그리고 세상을 긍정적으로 내다볼 수 있는 힘이 생기는 것이죠.

내 마음속 경계와 바깥 세상의 구분이 사라지고 서서히 생각지도 못한 잠재 되었던 능력들이 샘솟게 됩니다. 이때부터 불보살의 보물들을 알고 볼 수 있는 혜안이 열리게 됩니다.

무착스님은 오체투지의 고행, 수행의 신심과 열정으로 문수보살과 대면하게 되었고, 보석으로 만들어진 다완으로 감로수를 마시고 상쾌함을 얻었으나 집착심이 남아 있어 아직 '전삼삼 후삼삼(前三三 後三三)'의 진짜 보물을 알 수 없었던 것입니다.

'전삼삼 후삼삼'에 대한 견해가 여러 가지입니다. 어떤 분은 문수보살이 거느린 일만의 대중(一萬大衆)을 말한 것이라 하고, 어떤 이는 숫자의 개념이 아니라고 말하고 있습니다.

전삼삼 후삼삼은 문수보살의 마음 씀에서 나올 법한 사자후입니다. 문수보살은 끝없이 펼쳐져 있는 우주의 시간과 공간의 모든 대중과 보배를 말씀하신 것입니다.

앞(前)도 삼삼이요 뒤(後)도 삼삼이라는 말은(3·3 = 9) 구세(九世)라는 뜻입니다. 과거·현재·미래를 삼세(三世)라 합니다. 즉, 시간이죠. 또 과거를 나누면 과거·현재·미래가 있고, 현재를 세분하면은 과거·현재·미래가 있습니다. 미래에도 과거·현재·미래가 있습니다. 그래서 구세라고 합니다.

앞과 뒤를 말한 것은 앞도 걸림이 없는 삼삼이요, 뒤에도 걸림이 없는 삼삼의 한없는 공간을 드러낸 것입니다. 즉, 시간과 공간속의 무량한 보물들을 말씀하신 것입니다.

지혜의 화신인 문수보살은 인연이 익은 중생들에게 한없이 넓고 깊이를 알 수 없는 살아있는 위대한 반야의 법문을 일러주신다는 것을 아셔야 합니다.

부처님께서 왕사성 죽림정사에 계실 때 제자들에게 말씀하셨다.

'어리석은 중생들은 사물을 대하면 좋다거나 나쁘다는 생각을 일으킨다. 마찬가지로 지혜로운 사람일지라도 사물을 대하면 즐거움과 괴로움을 느낀다. 그렇다면 어리석은 사람과 지혜로운 사람의 차이는 무엇이겠는가?'

'세존께서는 법의 근본이시며, 법의 눈이시며, 법의 의지 처이십니다. 저희들을 위하여 설명해 주십시오.'

'어리석은 사람들이 사물을 대하여 좋다거나 나쁘다고 느끼면 그것에 매달려 원망하기도 하고, 애착하기도 한다. 마치 두 개의 화살을 맞으면 더욱 괴롭듯이 몸의 느낌과 마음의 느낌을 가지고 마음에 뿌리를 내린다. 그러나 지혜로운 사람은 몸이 사물을 대하여 느끼더라도 그것에 매달리거나 집착하지 않으며, 마음으로도 매달리고 집착하지 않는다.

비유하면 두 개의 독한 화살이 날아와도 두 번째의 화살은 맞지 않는 것과 같으니라. 육신의 느낌을 갖더라도 마음의 느낌은 일어나

게 하지 않는다.'

부처님께서 게송으로 말씀하셨다.


'지혜로운 사람이라도 괴로움과 즐거움을
느끼지 않는 것은 아니네.
오히려 어리석은 사람보다 더 많이 느낀다네.
그러나 즐거움을 만나도 함부로 하지 않고
괴로움에 부딪쳐도 근심을 더하지 않으며
즐거움과 괴로움을 모두 버리어
따르지도 않고 어기지도 않느니라.'

잡아함경 제17


지혜 있는 자도 사람입니다. 어려운 상황에 닥치면 근심과 걱정을 하기도 합니다. 귀한 물건을 가지면 뿌듯한 감정도 생깁니다. 스승이나 부모님이 돌아가시면 슬픔에 흐느끼기도 합니다. 그러나 마주 대하는 대상에 집착심을 놓아버렸기에 한순간 애잔한 감정을 느낄 뿐입니다.

그렇다고 감정이 없는 목석은 아닙니다. 미세한 감정까지 알지만 지켜볼 뿐입니다. 즐거움도 괴로움도 놓아버리고, 순응하지도 않으며, 만들어내지 않는 천진한 깨달음을 표현한 인간의 모습들. 이러한 삶에서 완성된 지혜의 꽃이 피워나 자비와 지혜가 하나가 된 순수한 영혼의 빛이 훤히 드리우는 인간이 태어나는 것입니다.

　마음에 집착이 없는 사람이 반야바라밀 수행자가 갖는 첫 번째 관문입니다.

# 반야바라밀 사상



부처님의 눈으로 우리들을 바라보게 되면 모두 붓다가 되기 위한 경주를 한다고 합니다. 알게 모르게 자아의 완성으로 자신을 몰아가고 있다는 것이죠.

붓다라고 하는 결승점에 도달하기 위해 어떤 사람은 피땀 흘리는 노력으로 정진하고 전진해 걸림없이 나아가지만, 어떤 이는 가다 넘어지고, 일어나 다시 걸어가는 사람이 있는가 하면, 제자리에서 맴도는 선수도 있다고 합니다.

부처님으로는 선두자와 후미자들이 똑같은 제자요, 자식으로 느껴져 어떤 경계가 없지만, 경기하는 선수의 입장에서는 나태해지기도 하며 방황도하고, 무섭고 두려운 마음이 서늘하게 다가올 때도 있습니다.

성불(成佛)을 목표로 하는 수행은 단거리 경주가 아니라 장거리 육상의 꽃인 마라톤에 해당됩니다. 그러나 마라톤은 42.195km 라는 결승점이 확실히 주어지지만 성불은 거리도 시간도 알 수 없는 혹독한 자신과의 싸움이라 할 수 있습니다.

결승점에 대한 거리도 시간도 정확히 알 수 없는 냉정한 현실 앞에서 믿고 의지할 사고와 견해가 있어야합니다. 그것은 맑고 밝은 마음을 유지해 나아가는 것입니다.

내면이 맑고 밝을 때 온화한 평화가 자라납니다. 또 맑고 밝게 세상을 바라보고 사람들을 대한다면 그곳에서 반야바라밀의 열매가 맺어집니다.

맑고 밝음은 반야바라밀(般若波羅蜜)의 다른 이름이라고 할 수 있습니다. 맑음에서 지혜가 이루어지고, 밝음에서 이상적인 나라를 바라볼 수 있기 때문입니다.

문명과 문화는 지혜의 산실입니다. 그러나 한 단계 성숙하여 문명과 문화를 이끄는 지혜를 완성해 나가야 합니다. 지혜의 완성이 앞으로 우리들이 해나가야 할 과제입니다. 지혜완성의 방법은 맑고 밝은 마음을 지켜 나가려고 하는 데 있습니다.

우리들은 모두 붓다를 이루기 위해 반야바라밀을 완성시키기 위해서 지구라는 행성에 머물고 있는 것입니다. 사람들은 이 세상에서 아웅다웅하며 살아가고 있지만 그 속에 숨어있는 뜻은 자아완성이라는 것을 아셔야 합니다.

맑고 밝은 청명사상(淸明思想)은 새롭게 피어나는 봄처럼 어지럽고 혼란스러운 이 세상에 안온함을 주고, 새로운 시대를 열어갈 비전을 제시해 줄 것입니다.

청명(淸明)은 반야바라밀의 결과입니다. 반야바라밀은 교리적으로는 어렵겠지만 반야바라밀을 세상에 드러내어 사용하는 것은 그다지 어려운 것만은 아닙니다.

힘든 삶, 어려운 경제라는 장애의 절망 속에서도 맑은 희망을 일으키는 것이 반야요, 그 희망을 밝게 실천하는 것이 바라밀인 것입니다. 전진하지 못하는 수행자에게는 맑고 밝은 마음이 어느 순간 정진의 힘을 불어넣는 스승과 친구의 역할을 해주는 것입니다.

맑고 밝은 마음 갖기 운동으로 이 세상을 맑고 밝은 청명한 세상을 만들어 나갑시다. 맑고 밝은 마음을 가지면 이 세상은 저절로 후덕하고 빛이 충만한 진정 살아볼만한 행성이 될 것입니다.

맑고 밝은 마음을 유지하는 것이 반야바라밀 수행자가 갖는 두 번째 관문입니다.


'내가 이곳 오지에 들어와 있는 것은 이 세상과 많은 사람들을 사랑하기 위해서입니다. 진정 행복하고 평화스러운 삶을 만들어가기 위해 수행도 하고, 나의 생각과 느낌을 글로 적어 내려가는 것입니다.

새로운 불교, 종교를 내세우지 않고 모든 이들을 끌어안을 수 있는 마음가짐, 시대에 맞는 프로그램을 찾기 위해 고민도 해보며 쉽게 떠올리지 못하는 답에 자책을 해보기도 합니다.

이 세상을 아름답게 변화시켰던 천재들은 쉽게 만들어지지 않습니다. 그것은 타고난 재능이 아니라 인간의 끈질긴 인내의 열매 그리고 강하게 노력한 결과물들이 이 세상을 변화시켰던 것이었습니다.

마음속 깊이 시원한 공기를 들이마시고, 주변의 경치들이 밝게 투영되는 현상을 바라보며, 반야라는 이름의 강아지와 내면의 사랑을 주고받으며 살고 있습니다. 그러던 어느 날 문득 한 생각이 떠오르는데, 맑고 밝음의 단어였습니다.

수행자는 맑고 밝은 마음에서 진정한 깨달음이 찾아오고, 맑은 정신에서 진실하고 또렷하게 세상을 바라볼 수 있으며, 맑은 세상에서 찌들은 더러움이 배어 나오지 않는 것입니다.

불빛같이 환한 밝은 모습에서 희망적인 성공의 내일이 보이고, 아름다운 밝은 미소에서 어두운 세상을 버리고 공명하고 건전한 사회를 세울 수 있는 여건이 생기며, 밝은 실천과 행동에서 불투명한 청년들의 미래에 확실한 앞날을 보여줄 수 있는 것입니다.

이런 맑고 밝음이야말로 나의 나라 너의 나라, 내 종교 나의 종교 등 모든 사상과 상대적 대립을 벗어버리고 인간들이 지구에서 자연과 어울리며 멋스럽게 살 수 있는 조건이 만들어지는 것입니다.'

원효스님은 일체에 걸림이 없는 사람이 한 길로 생사를 벗어난다(一切無礙人일체무애인 一道出生死일도출생사)고 하였습니다. 불교수행의 최상목표는 나고 죽음에서 벗어나는 길에 있습니다. 위 명언을 무애가(無礙歌)라고도 하며, 원효스님은 이 무애가를 부르며 서라벌 시내를 돌아다녔다고 합니다. 요즘 수행자들 중에는 막행막식(莫行莫識)을 하면서 무애행을 한다고 자랑하는 사람도 있습니다.

그러나 무애행이란 막행막식으로 술과 쾌락에 빠져 방탕하고 무절제한 생활로 자신의 영혼을 짓밟는 것이 아니라, 타인을 사랑하고 배려하는 마음에서 중생의 이익을 위해 과감하게 자신을 버리고 희생시키는 행동을 이르는 것입니다. 칭찬과 비방에도 마음에 걸림이 없고, 인간관계에도 걸림이 없는 등 모든 선악경계에 자신을 휘둘리지 않는 것입니다.

파계(破戒)를 일삼는 일로 무애행을 운운한다면, 도가 굳건해지기 전에 화엄신장의 철퇴가 기다릴 줄 알아야 합니다. 그리고 아무런 근거 없이 인터넷 등에서 스님들을 비방하고, 욕하며, 흉을 보는 것도 막행막식에 속함을 알아야 합니다.

자신의 업에 이끌려 막행막식을 했다면 참회로써 다시 태어나야 합니다. 참회하지 않고 새출발을 하지 않는다면 어두움에서 절대로 나올 수 없기 때문입니다. 참회하는 자가 서 있는 곳은 가장 훌륭한 수행자가 서 있는 곳보다 거룩한 자리입니다.


"현대의 고승 청담스님(1902 ~ 1971)께서 30대 중반 봄과 가을에 설악산 봉정암에서 수행하실 때 일입니다. 겨울에는 봉정암에 눈이 너무 내리기도하고 식량도 떨어지게 되니 늦가을이 되면 봉정암 스님들은 반드시 암자를 내려와야 했다고 합니다.

그해에도 청담스님은 유수스님과 함께 늦가을이 되어 대청봉을 넘어 산길도 없는 오색약수터를 넘어 낙산사로 가던 중이었습니다. 청담스님은 비탈진 산기슭을 내려오다가 그만 넘어져 손목을 삐게 되었습니다. 그래서 낙산사로 바로 가지 못하고 산골 마을로 들어갔습니다. 산골 마을에 들어 어떤 노인에게 물었습니다.

'이 마을에 침을 놓을 줄 아는 분이 있습니까?'

'왜 그러시오.'

청담스님이 삔 손목을 보여주자 노인이 말했습니다.

'나는 침을 놓을 줄 알지만 이 마을에 사는 사람이 아니오. 그러니 저기 이장 집이 있으니 같이 가봅시다.'

청담스님은 노인을 따라 이장 집으로 갔습니다. 청담스님은 이장에게 인사를 하고 마루에 앉아 노인에게 침을 맞았습니다. 노인이 침을 다 놓고 나서 물었습니다.

'스님들은 어느 절에 계신 분들입니까?'

'설악산 봉정암에 살다가 겨울에는 살 수 없어 남쪽으로 내려가려고 산길도 없는 약수터 쪽으로 오다가 미끄러져 손목을 다쳤습니다.'

노인은 물끄러미 젊은 청담스님과 유수스님을 쳐다보더니 미소를 지었습니다.

'내 눈에는 진짜 공부하는 스님들로 보입니다. 고생이 많습니다. 이왕 말이 나왔으니 봉정암 이야기를 하나 하겠습니다.'

그 사이 이장이 떡과 술과 안주를 내왔습니다. 스님들은 떡만 먹고 노인은 술 한 잔에 안주를 씹더니 봉정암에 얽힌 이야기를 길게 풀어놓았습니다.

몇 해 전의 일이었다. 봉정암에는 어디서 온지 모르는 아무런 행동이나 거침없이 하는 스님이 살았습니다. 술도 먹고 여자도 보고 법당에 예불도 하지 않는 속인이나 다름없는 스님이었다.

'사흘이 멀다 하고 우리 마을로 탁발을 와서 곡물이 거둬지면 저 윗집에 혼자 사는 과부 집으로 가곤 했습니다.'

마을 사람들 사이에는 스님과 과부가 살림을 차렸다는 소문이 돌기도 했다.

'그때 우리 마을에 심마니가 살았지요. 마침 그 심마니는 봉정암에 산신기도를 하려고 올라갔습니다.'

실제로 심마니는 봉정암에서 산삼을 캐게 해달라고 산신에게 며칠 동안 기도를 하고 있었다. 그때 봉정암 스님이 오랜만에 올라왔다. 심마니와 스님은 오랜만에 만나 밤늦도록 이야기하다가 한방을 둘로 나눈 아랫방 윗방에서 잠을 잤다.

새벽이 되었다. 갑자기 아랫방에서 자던 스님이 일어나 '에이 재수 없어' 하고 소리를 질렀다. 심마니가 놀라 깨어나 왜 그러느냐고 물었다. 그러자 스님이 투덜거렸다.

'한참 맛있게 잠을 자는데 어떤 영감이 나타나 야단을 치지 뭐요.'

스님의 얘기는 사실이었다. 수염이 허연 영감이 꿈속에 나타나

'네가 그 버릇을 고치지 않으면 내 식구를 보내어 너를 혼내주겠다' 고 야단을 치고 사라지는 것이었다.

삼마니는 다시 잠을 청하면서 노인의 말이 옳다고 생각했다. 삼마니도 스님의 못된 행동을 어느 정도는 알고 있었던 것이었다. 삼마니는 혼자 중얼거리며 돌아누웠다.

'참회는 못할망정 고약한지고.'

그런데 또 얼마 지나자 아랫방 문이 뜯겨지는 소리가 와장창 들리어왔다. 삼마니는 또 놀라 일어나 주위를 살펴보았다. 아랫방에서 자던 스님은 보이지 않고 호랑이 울음소리가 으르렁 으르렁 산골짜기를 울리고 있는 것이 아닌가.

무서워 바로 나가지 못하고 주위가 잠잠해졌을 때 밖에 나가보니 스님은 온데간데없고 암자 마당에는 사람의 피가 흩뿌려져 있었다.

날이 밝은 후에야 삼마니는 서둘러 오세암으로 내려갔다. 오세암에 다 와서는 숨을 고르는데, 삼마니는 또 보지 못할 것을 보고 말았다. 스님의 찢겨진시신이 큰 바위 밑에 널브러져 있는 것이었다.

나중에 알고 보니 스님만 화를 당한 게 아니었다. 과부도 베틀에 앉아 삼을 삼다가 문을 뜯고 내민 호랑이의 앞발에 머리를 한 움큼 뽑히어 대머리가 되어 있었다.

문이 꼭 잠기어 몸이 밖으로 튕겨 나가지 않아 목숨만은 건졌던 것이다.

'스님들께서 수행을 잘 하시는 것 같아 봉정암이 보통 절이 아니

라는 것을 알려 드리고 싶어 제가 이 이야기를 한 것입니다.'

'봉정암을 지키는 호랑이군요.'

'그렇습니다. 스님들께서는 부디 나라를 구하신 서산과 사명대사 같은 큰스님이 되십시오.'

이야기를 마친 노인은 침 놓은 값을 받지 않고 마을을 먼저 내려갔다고 합니다.

겨울이 지나 청담스님과 유수스님은 다시 봉정암으로 올라가 참혹하게 죽은 스님을 위해 천도재를 지내주고 그해 여름은 봉정암에서 나지 않고 묘향산 선령대로 갔다고 합니다."

수행자는 어떤 상황에 처해 있더라도 착해야합니다. 나를 쓰러뜨리려하고, 해코지를 할 때에도, 죽이려 들 때에도 잔잔한 미소를 머금고 마음속은 행복과 평화가 흘러내려야 합니다. 이것이 진정한 수행자요 성인이고 무애행이라 할 수 있습니다.

중생의 이익을 위해 걸림 없이 실천하는 자, 반야바라밀 수행자가 갖는 세 번째 관문입니다.

이제 본격적으로 경이 가지고 있는 내용을 살펴보도록 하겠습니다.

# 제2장
# 관자재보살의 지혜와 자비

# 위대한 지혜가 모두를 이끈다

마하반야바라밀다심경

摩訶般若波羅蜜多心經

위대한 지혜로 붓다의 세계에 들어가는 핵심이 되는 경전

『반야심경』을 다른 말로는 '지혜의 완성'이라고 합니다. 지혜가 완전히 이루어져야 붓다의 세계도 볼 수 있고, 붓다의 나라에 들어갈 수 있기 때문입니다. 참된 지혜는 복잡하고 어지러운 세상에서 나의 중심을 잡고 고난과 고통의 현실을 바로 알고 어떤 역경에도 굴하지 않으며 마침내 승리를 할 수 있는 것입니다.

살아있는 지혜가 도덕과 인간의 정이 점점 사라지는 서글픈 현실에서 모두를 포근하고 정감 있는 사회로 가는 길을 열어 줍니다. 또한 앞날을 알 수 없는 불투명한 지구의 미래를 훤히 내다볼 수 있는 반야안(般若眼)이 만들어집니다.

위대한 지혜는 광활한 대우주의 모든 비밀을 풀어낼 수 있는 키워드입니다.

앞에 마하(摩訶)라 붙은 것은 이 반야경의 특징을 볼 수 있는 부분입니다.

범어로 마하(mahā)는 크고 위대하다는 뜻의 대(大. 크다) · 다(多. 많다) · 승(勝. 뛰어나다)의 세 가지 뜻이 있다고 합니다. 그래서 이 경에서 표현한 반야바라밀의 내용이 크고 위대하다는 것을 알려주는 것입니다. 우리들이 잘 알고 있는 또 다른 종류의 반야경인 『금강경』은 금강(Diamond. 다이아몬드)처럼 견고한 성질을 형용해서 최상 · 최승의 뜻으로 사용하고 있는 것입니다.

마하는 크면서 위대하다는 뜻입니다. 그 크고 위대함이 우리의 생각을 넘어선 그러니까 온 우주를 감싸 안을 만한 투명 보호막이라 할 수 있습니다. 마하에는 너와 나라고 하는 구분이 없고, 사랑하고 사랑할 대상도 없으며, 마음이 열리듯 온전히 열어젖혀 그대로 볼 수 있는 니르바나(Nirvāna)의 세상을 제시해 줍니다.

마하는 크고 위대하지만 그 안에 작고 미세한 정신까지 포함시킨 종합 네트워크 시스템입니다.

인간들이 가장 크고 넓은 것을 말할 때 우주를 말하고 있습니다. 우주가 탄생초기에 엄청난 규모로 팽창되었다고 하는 인플레이션 우주론에 의하면 우주의 작은 부분이 어느 순간 갑자기 팽창하여 봉오리를 이루고 그로 인해서 아기우주(baby universe)가 태어났다고 합니다.

아기우주는 다시 봉오리로 성장하여 또 다른 아기우주를 재생산하는 과정이 영원히 반복된다는 것입니다. 이것은 흐르는 빠른 물살이 인연을 만나게 될 때 작고 큰 많은 물방울들이 생기는 현상과 비슷하다고 할 수 있습니다. 이 이론이 사실이라면 빅뱅(big bang. 우주의 대폭발)은 지금도 우주의 곳곳에서 일어나고 있고, 우리들은 수많은 투명방울이 떠다니는 망망한 우주 속에서 끝을 알 수 없는 여행을 하고 있는 셈입니다. 즉, 영원히 계속되는 진공의 바다 안에서 완성의 길로 가는 변화의 시간을 갖는다고 보는 것입니다.

어머니 배속 안에서 완전히 구비된 인간의 형상이 만들어지듯이…

이런 우주를 다중우주(multiverse) 또는 거대우주(megaverse)라 부르고 있습니다.

다중우주론에 따르면 극락세계의 현실성이 입증된 상태입니다. 영국의 천문학자 마틴 리스 경은 "우리가 흔히 말하는 우주는 여러 집합체 중 하나일 수도 있다. 거기에는 헤아릴 수 없을 정도로 많은 우주들이 각기 다른 물리법칙을 따르면서 고유의 방식으로 존재하고 있다. 그중에서 우리가 속한 우주는 아마도 복잡성과 의식(意識)이 허용되는 우주일 것이다."라고 했습니다.

한 부처님의 교화할 수 있는 세계를 삼천대천세계(三千大千世界) 또는 일불국토(一佛國土)라 합니다. 수없이 많은 세계가 모인 것을 삼천대천세계라 하고, 삼천대천세계를 일우주(一宇宙)라 할 수 있습니다. 이 하나의 우주가 부처님이 교화할 수 있는 대상의 세계인 것입니다.

다중우주이론이 물리적으로 확인이 되면 이제 극락세계는 우리들 눈앞에서 펼쳐질 날이 그리 멀지 않은 것입니다.

대승불교(大乘佛敎)를 범어로 마하야나(mahāyāna)라고 합니다.

큰 수레(乘, yāna), 위대한 가르침이라는 의미로 개인만의 깨달음에서 벗어난 모든 사람들을 구제하는 거대한 수레를 타는 가르침입니다.

석가모니 부처님이 열반에 드신 후 중인도를 중심으로 전파된 불교는 교주가 열반에 들어 계시지 않자 여러 가지 부정적인 측면이 드러나기 시작했습니다.

첫째는 붓다를 대체할 만한 지도자가 없었고, 둘째는 국가와 지역 간의 다양한 생활풍습이 계율을 다르게 해석 하였으며, 셋째는 사람의 자질에 따라 설법하신 붓다의 대기설법(對機說法)의 이질감 등 이런 부정적인 측면이 오랜 세월이 지나자 진보적인 수행승들에 의해서 새로운 교의(敎義)를 가진 약 20개의 부파불교(部派佛敎)들이 만들어졌던 것입니다. 이들은 학문연구와 개인적 수행에만 몰두하였고 붓다께서 평생을 바친 대중교화를 소홀히 하였던 것입니다.

이런 일들은 스님들에게 물질을 보시하고 자신의 신행과 고민을 상담하던 재가불자들에게 불만을 만드는 계기가 되었습니다. 기원

전후 무렵부터 선구적인 스님들과 재가불자의 신행단체가 각 지역에서 성립되면서 스스로를 보살이라 불렀습니다.

성불(成佛)이 결정되었던 붓다의 전신인 보살이라는 명호를 자신들이 사용하면서 자신들은 깨달음을 구하는 자라 하였습니다. 처음에는 탑과 절을 참배하는 일에만 그쳤지만 이런 일들이 도화선이 되어 새로운 민중불교 운동이 일어났는데 이것을 대승불교라고 합니다.

대승불교의 주체자인 보살들은 부파불교를 자신만을 위하는 교단이라 폄하하면서 그들을 소승불교(小乘佛敎. hīnayāna : 작은 가르침)라고 비난하였습니다.

반야(般若)는 범어로 프라즈냐(prajñā)라고 합니다. 반야는 지혜(智慧), 명(明)이라 번역하며, 사물이나 진리의 이치를 꿰뚫어 맑게 비추는 눈이라 할 수 있습니다. 이 반야를 얻어야 붓다가 될 수 있고, 중생을 교화할 수 있으며, 궁극적으로 생사를 해탈할 수 있기에 반야는 모든 붓다의 스승이요 어머니인 셈입니다.

반야는 깨달음입니다. 반야는 앎의 지식에 의미와 뜻을 둔 것이 아니라. 근원적 문제해결의 지혜와 수행의 체험에서 쏟아져 나오는 것입니다. 그렇기에 반야를 한 번 얻은 마음은 없어지지 않는 것입니다.

반야는 창조적 응용 프로그램입니다. 반야의 힘은 여러 가지가 있습니다. 번뇌 망상이 끊어진 고요한 열반(涅槃)의 세계, 인간의 행복과 평화를 말하는 이타(利他)의 고고한 삶, 세상을 변화 발전시키는 창조의 아이디어 등입니다.

역사적으로 뛰어난 업적을 남긴 과학·문화·예술 등 최고의 아이디어(돌연히 섬광처럼 떠오르는 생각)는 지혜의 일부분입니다. 하나의 문제를 집중적으로 파고들게 되면, 머리와 정신이 텅 빈 맑은 상태가 만들어집니다. 이것을 불교에서는 공(空)이라 합니다. 이런 하나의 생각에 골몰한 텅 빈 상태가 오랫동안 지속될 때 최고의 창조적 아이디어가 떠오르는 것입니다.

즉, 의식에서 무의식으로 전환될 때 반야의 바탕에 있던 수많은 빛들과 연결되어 문제의 해답을 얻은 것입니다. 골똘히 생각하고 비추는 과정에 반야의 몸은 드러나게 되어 있습니다. 순간적으로 번쩍이는 빛은 바로 반야(지혜)의 일부분인 것입니다.

최고의 아이디어를 얻는 것은 쉬운 일은 아닙니다. 자기 일을 사랑하고 즐길 줄 아는 열정이 있어야 하고, 그 열정을 오랫동안 유지할 수 있는 좋은 습관을 가져야 하며, 오랜 세월동안 노력과 땀으로 뭉쳐진 프로 근성이 있어야 합니다.


‘영국 출신의 천재 물리학자 아이작 뉴턴이 사과가 떨어지는 소리를 들을 때 떠올린 생각이 중력법칙의 발견으로 이어졌다는 이야기는 널리 알려진 일화 가운데 하나입니다. 그러나 뉴턴의 중력이론을 우연한 생각에서 비롯한 업적이라 여기는 것은 사정을 몰라서 하는 이야기입니다.

뉴턴이 관찰되는 모든 현상을 중력이라는 통일된 개념으로 편입시킬 수 있었던 것은 뉴턴의 집념 어린 연구가 아니었으면 불가능했습니다. 비서의 말에 따르면 뉴턴은 2년 동안 거의 사람 같아 보이지 않았다고 합니다. 또한 비서는 '쉬는 시간을 잠시도 참을 수 없어 했습니다.' 연구실을 나오는 일은 극히 드물었고 연구에 몰두한 나머지 점심 먹는 것을 잊어버릴 정도였습니다. 잠은 하루에 네다섯 시간 밖에 자지 않았다고 전해지고 있습니다.'

손오공이 아무리 날뛰어 봐야 부처님 손바닥 안이라 하듯이 반야는 허공에 물질과 이치를 올려놓은 것과 같습니다. 허공에 모든 것을 놓아두면 여러 측면에서 평등하게 본래의 성질을 관찰할 수 있습니다.

반야는 잡념이 사라진 무념의 상태에서 비출 수 있습니다. 완성된 반야의 눈이 열리면 허공에 거대한 우주태양이 뜬 거와 같이 만물을 환하게 비추어 보는 것입니다. 반야의 해가 뜨면 모든 근심 걱정은 행복과 평화, 그리고 희망으로 가득합니다.

고대 그리스 철학자들은 모든 만물의 궁극적인 기본 단위가 조그만 입자라고 생각했고 이 기본입자를 원자라고 불렀습니다. 이처럼 원시적인 원자가설은 오랜 세월 동안 명맥을 유지해 오다가 현대에 이르러 강력한 입자가속기가 개발되면서, 원자는 전자와 원자핵으로 이루어져 있으며, 원자핵은 더욱 작은 구성입자로 이루어져 있음이 밝혀졌습니다. 그러나 세부구조가 밝혀졌음에도 문제가 해결된 것은 아니었습니다.

입자가속기의 실험에서 뉴트리노(중성미자), 쿼크, 메존(중간자), 렙톤, 하드론(강입자), 글루온, W-보존 등 많은 종류의 소립자들이 무더기로 검출되었기 때문입니다. 자연에는 왜 이토록 많은 종류의 입자들이 한꺼번에 존재하는지 의문이 아직 풀리지 않아 지독한 수수께끼로 남아 있다고 합니다.

인간의 무딘 눈에 비치는 자연의 모습과 초미세영역에 숨어있는 자연현상의 실체는 상상을 초월할 정도로 다를 수 있는 것입니다.

법성계에는 이런 법문이 있습니다.

일미진중함시방(一微塵中含十方)
일체진중역여시(一切塵中亦如是)
하나의 먼지 속에 우주를 품으며
일체의 먼지 안에도 또한 이와 같다

불교는 매우 광대하면서 심오하고 오묘합니다. 인간의 정신적인 측면에만 제한되는 것이 아니고 물질세계에도 적용될 뿐만 아니라, 이제는 우주에까지 진공묘유(眞空妙有)라는 엄청난 법문 안에서 우주의 이치와 현실을 하나하나 밝혀 나갈 것입니다.

물리학자들에 의하면 우리가 사는 세계는 공간과 시간을 합해 4차원이므로, 만일 5차원 등 높은 차원이 정말로 존재한다면 아주 작은 영역 속에 숨어 있기 때문에 우리 눈에는 보이지 않을 것이라고 합니다. 고차원은 원자보다 작은 영역 속에 돌돌 말려 있어서 눈에 뜨이지 않는다고 합니다.

부처님은 삼천년 전에 우주의 현상을 반야의 눈으로 확실히 바라보았고, 지금 최고로 발달한 물리학과 천문학이 이를 입증해주는 셈입니다.


자신이 걷고 있는 삶의 길을 깨닫는 것도 반야입니다.

나름대로 인생을 유익되게 열심히 살아옵니다. 어린 시절에는 자연과 벗 삼아 개구쟁이 시절을 보내기도 합니다. 개울에서 목욕을 하고 앙증맞은 발로 부드러운 모래를 밟고 깨끗한 물살을 가르며 헤엄쳐 나가는 일은 그저 생각 없이 기분 좋고 즐거웠던 놀이였습니다. 정신없이 놀다가 배가고프면 산과 들로 뛰어가 고소한 개암이며 새콤달콤한 보리수 열매를 따먹고 친구들을 보며 깔깔거리며 웃음 짓던 추억의 이야기…

성인이 되어 생활전선에 뛰어들고 회사동료들과 경쟁을 하며 모든 면에서 열심히 하는 결과로 승진하고 돈과 명예를 얻었지만 어느 날 문득 거울을 보니 머리는 하얗게 변해가고 이마와 얼굴에는 깊은 주름살이 패인 중년의 상황들. 그리고 구조조정의 현실이 나를 찾아옵니다.

작년 아니 몇 달 전에도 거울을 봤건만 오늘에서 발견된 나의 뼈
저린 현실의 모습들. 그리고 하나 둘씩 찾아오는 몸의 이상 징후들.
그리고 방황하는 몸과 깨닫는 마음. 근심 걱정거리가 없어 보이는
스님들의 삶을 동정하며 인생의 방향을 바꾸어 나갑니다.

그동안 올바른 인생이란 성공을 하거나 모험 같은 것에 있다고 생
각을 했지만 이젠 올바른 인생이란 모든 것을 마음으로 음미하고 관
찰하며, 작은 것에도 행복을 느끼고 감사할 수 있는 지혜가 필요하
다고 생각합니다.

인생이란 꿈속에 있는 나를 바라보는 것입니다. 순간순간 깨어 있
는 것이 무엇보다 중요합니다. 깨달음은 갑자기 찾아오는 속성이 있
습니다. 어느 순간 그전에 가지고 있던 생각과 습관을 버리고 전혀
다른 관점으로 세상을 바라보게 되는 것입니다.

바라밀다(波羅蜜多)는 범어로 파라미타(pāramitā)를 음역한 것입니다.
뜻은 도피안(度彼岸)으로, '저쪽 언덕에 이르렀다'이며, 열반의 성에
다다랐다는 완료형으로 절대적 완성의 뜻이 있습니다. 바라밀다는
바라밀이라고도 부르며, 자신의 깨달음을 완성시키고 동시에 많은
사람들을 이롭게 하는 것을 목적으로 하고 있습니다.

중생의 세계를 미혹의 세계인 차안(此岸)으로 부르고, 깨달음인 붓
다의 세계를 피안(彼岸)이라고 합니다.

바라밀다는 모두가 행복하고 평화스러운 완성의 세계로 나아가는

것입니다. 가는 방법으로는 기어서가든지, 걸어가든지, 뛰어가든지, 날아서 한순간에 도착하든지, 우주선을 타고 아름다운 행성에 착륙을 하든지, 붓다의 나라에 안착하든지, 정확히 바라보며 나아가는 것이 바라밀다입니다.

반야바라밀다는 함께 쓰이는 것입니다. 반야의 지혜만 있으면 완성된 공부가 아닙니다. 자기 깨달음의 반쪽 공부입니다. 반야와 실천(바라밀)이 함께해야 합니다. 깨달음과 전법교화가 그것입니다. 그래서 반야바라밀은 두 단어인 동시에 한 몸인 것입니다.

경전의 제목에서 심(心)이란 마음이 아니라 범어 흐르다야(hrdaya)를 번역한 것으로 심장·핵심·본질의 뜻을 가지고 있습니다. 모든 반야경의 핵심을 담은 경전이 마하반야바라밀다라는 것입니다.

경(經)은 범어 수트라(sūtra)를 번역한 것으로 경전, 즉 붓다의 가르침을 담고 있는 것입니다.

역경사가 범어를 한문으로 번역을 하다가 수트라를 한역을 하는데 참고하려고 중국 사람들에게 물었습니다.

당신 나라의 위대한 성자가 말씀하신 내용을 무엇이라 합니까?
경전(經典)이라고 합니다.

그래서 역경사들은 수트라를 모두 경(經)이라 번역하였던 것입니다. 인도의 불교를 중국화 하여 편리하게 사용하는 것을 격의불교(格

義(佛敎)라고 합니다.

마하반야바라밀다심경의 주된 뜻은 위대한 지혜로 저 언덕에 이르는 핵심이 되는 붓다의 가르침입니다. 이것을 흔히 지혜의 완성이라고 합니다. 모든 사람들이 열반에 도착하는 방법을 제시한 붓다의 가르침. 그것은 반야바라밀입니다.

위대한 반야는 거룩합니다. 인생의 고난과 고통을 바로 해결해주는 열쇠입니다. 이제 어둠은 가시고 산 위에 태양이 서서히 올라와 중심을 잡고 만천하를 비추는 작업을 합니다. 모든 이들은 이 반야바라밀에 고개 숙여 경건한 마음을 보여야 합니다.

위대한 반야는 아름답습니다. 완성하려면 거쳐야하는 변화·진화의 길목에서 반야바라밀은 우리들을 가르치고 이끌어 줄 것입니다. 찬란한 문화와 문명을 만든 보이지 않는 공로자이고, 이 세상을 한 단계 업그레이드 시키는 일이 반야바라밀에 달려 있습니다. 앞날을 모르는 인류를 구원해 아름답게 진화한 우주를 향해 우리들을 안내하고 있는 것입니다.

# 관세음 대 관자재

관자재보살 행심반야바라밀다시
觀自在菩薩 行深般若波羅蜜多時
관자재보살이 깊은 반야바라밀을 행할 때에


관자재(觀自在)의 범어 원명은 '아발로키테스바라(Avalokiteśvara)'입니다. 이것을 한역하는 데 두 역경사가 번역한 것을 많이 사용하고 있습니다. 중국 서진시대(西晉. 265 ~ 317)에는 광세음보살(光世音菩薩. 빛으로 세상의 소리를 보는 보살)이라 하였고, 그 후 구마라집(鳩摩羅什. 344 ~ 413)삼장은 관세음(觀世音)으로 번역하였으며, 현장(玄奘. 602 ~ 664)삼장은 관자재(觀自在)로 번역한 것입니다.

구마라집이 번역한 것은 구역(舊譯. 예전의 번역)이고, 현장이 번역한 것은 신역(新譯. 새로운 번역)이라 합니다. 본문에 관자재로 나온 것은 우리들이 현장삼장법사가 번역한 반야심경을 보고 있는 것입니다.

관세음은 세상의 소리를 보는 자로 해석되고, 관자재보살은 보는 것이 자재(속박이나 장애없이 마음대로 봄)하다는 것으로 해석할 수 있습니다. 이 두 가지 번역 중에 관세음보살이 듣기 좋고 친숙하다고 해서 관세음보살의 명호가 많이 불려지고 있는 실정입니다.

관음경에는
약유무량백천만억중생수제고뇌 문시관세음보살 일심칭명 관세음보살 즉시관 기음성 개득해탈
若有無量百千萬億衆生受諸苦惱 聞是觀世音菩薩 一心稱名 觀世音菩薩 卽時觀 其音聲 皆得解脫
만약 한량없는 백천만억의 중생이 온갖 고난과 고통을 받을 적에 관세음보살의 명호를 듣고 일심으로 관세음보살을 부르면, 관세음보살은 즉시에 그 음성을 관하고 모두에게 해탈을 얻게 하느니라.

관세음보살은 온갖 고난과 고통 속에서 정성을 기울여 자신을 부르는 소리를 듣고 중생에게 해탈을 얻게 한다고 했습니다. 그렇기에 관세음보살이란 해석은 구세 대비자로서의 역할에 중점을 둔 번역이라 할 수 있습니다. 지혜보다는 자비에 중심을 둔 것입니다.
반면에 관자재보살은 반야바라밀을 완성하고 실천하는 자로서 이 경전을 이끄는 주인공으로 나왔습니다. 이것은 반야심경이 인간과 진리의 본성을 파악하고 반야바라밀에 의지해 완성된 깨달음을 얻

기 위한 지혜자의 법문인 것입니다. 그렇기에 자비보다는 지혜에 중점을 둔 명칭 번역인 것입니다.

지혜와 자비는 붓다의 핵심입니다. 지혜와 자비는 두 수레와 같아서 어느 한쪽이 없다면 이상적인 중생교화는 어려운 것입니다.

지혜의 실천이 자비이고, 자비의 본 모습이 지혜인 것을 알면 두 단어가 모두 같은 것입니다. 지혜는 자비의 몸체이고, 자비는 지혜의 활용인 것입니다.

관자재보살과 관세음보살은 모두 관(觀 본다)이라는 곳에 특징이 있습니다. 본다는 것은 빛의 파동을 보는 것입니다. 우리 인간들이 보는 범위는 가시광선의 낮은 차원의 빛밖에 볼 수 가 없습니다. 그러나 관을 완성시킨 불보살님들은 마음에서 울려 퍼지는 빛과 소리 그리고 우주에서 펼쳐지는 높은 차원의 공명(空明)의 물결을 바라볼 수 있는 것입니다.

우주의 세계는 캄캄한 어둠의 세계입니다. 그러나 이 우주세계는 텅 비어 있는 것이 아니라 '우주배경복사'라고 하는 마이크로파로 가득 차 있다고 합니다. 그러므로 밤하늘이 검게 보이는 이유는 눈에 보이지 않는 고차원적인 빛으로 가득 차 있기 때문입니다. 만일 번뇌 망상이 없어진 지혜의 눈이 열리게 되면 빅뱅의 잔해인 마이크로파와 마음에서 뿜어 나오는 빛들이 서로 엉켜 춤을 추며 서로를 비추는 밤하늘의 장관을 매일 볼 수 있을 것입니다.

나의 마음속에 오랫동안 간직하고 모셔두었던 단어가 있습니다.

그 단어는 바로 관세음보살입니다. 우린 오랜 세월 동안 같이 지내온 사이인 것 같은 느낌이듭니다. 관세음보살은 나의 스승이 되어주고, 친구가 되기도 하며, 때로는 애인 역할을 해주기도 합니다. 그를 생각하면 기쁨에 저절로 흥이 나기도 합니다. 광명이 온 몸을 감싸 돌며 춤을 추기도 합니다.

나는 관세음보살님에게 자주 고백을 하곤 합니다.

사모합니다. 당신의 마음과 원력을 닮고 싶습니다. 세세생생 당신의 곁을 떠나고 싶지 않습니다. 저를 받아주십시오. 관세음보살님은 잔잔하고 환한 미소로 나를 내려다보고 있었습니다. 그 순간 우리들은 마음을 열고 서로의 존재를 확인하였습니다.

나는 관세음보살님과 대화를 하고 있습니다.

오늘은 날씨가 상당히 춥네요. 보살님도 추우세요? 세상이 경제 불황으로 어렵다고 합니다. 모두가 잘사는 세상이 찾아오겠습니까? 행복 가득한 세상을 어떻게 만들어 갈 수 있겠습니까? 관세음보살님은 대답을 안 하지만 간절히 물어보곤 합니다. 그럴 때면 정말로 관음진신(觀音眞身)과 대화를 나누는 것 같습니다.

보살(bodhisattva. 보디사트바)은 보디(bodhi)와 사트바(gsattva)의 합성어로 지혜가 있는 중생, 지혜를 추구하는 중생, 깨달음을 얻을 것이 확정된 중생으로 번역을 합니다.

대승불교의 가장 이상적인 인격자로서 상구보리 하화중생(上求菩提 下化衆生. 붓다의 지위를 꿈꾸며 중생을 교화하는 수행자)과 자리리타(自利利

他. 나도 이롭고 남도 이롭게 함)를 좌우명으로 삼고 끊임없이 자신의 계발을 위해 노력하고 전진하는 바람직한 21세기형 인간을 이르는 말입니다.


보살이 성불을 위해 실천하는 여섯 가지 방법을 육바라밀(六波羅蜜)이라고 합니다.

첫째 - 보시바라밀(布施波羅蜜)

남을 위해 아낌없이 주는 마음이 보시입니다. 보시에는 재시(財施)·법시(法施)·무외시(無畏施)의 세 가지가 있습니다. 재시는 물질적인 보시를 말하고, 법시는 진리를 알려주는 것이고, 무외시는 타인에게 편안한 마음을 갖게 하는 것입니다.

둘째 - 지계바라밀(持戒波羅蜜)

계를 받아 지녀서 잘 지키는 것을 말합니다.

셋째 - 인욕바라밀(忍辱波羅蜜)

어려운 여건에서도 화내지 않고 잘 참아 이기는 것입니다.

넷째 - 정진바라밀(精進波羅蜜)

붓다의 자리를 위해 끊임없이 노력하는 힘이라 할 수 있습니다.

다섯째 - 선정바라밀(禪定波羅蜜)

노력의 힘으로 얻어지는 집중적 마음통일입니다.

여섯째 - 지혜바라밀(智慧波羅蜜)

마음통일에서 얻어지는 깨달음입니다.

보살은 여섯 가지 실천덕목을 통해 완성된 지혜를 얻는 것입니다.

행심반야바라밀다시는 깊게 반야바라밀을 실천하는 것입니다.

반야바라밀을 깊이 실천한다는 것은 마음 안에 들어와 있다는 것입니다. 마음 안에 들어온 것은 깊은 선정삼매를 의미합니다. 삼매(三昧)는 마음이 통일이 되어 잡념이 사라져 동요가 없는 고요한 무념의 지속 상태를 말합니다. 무념이 오랫동안 계속되어야 지혜의 눈이 열리며, 지혜의 눈이 열려야 바르게 비춰보고 실상을 깨닫는 것입니다.

마음수행을 하게 되면 처음에는 의식적인 상태에서 표면공부를 지어갑니다. 쉽게 공부를 잊는 것이 표면공부입니다. 그러나 오랜 수행으로 공부가 익어지면 무의식적인 심층공부를 하게 됩니다. 꿈속에서 염불이 되고, 염불이 끊어지지 않고 오랜 세월동안 지속이 되며, 자나 깨나 염불을 하게 되면 비로소 마음 안에 들어온 것입니다. 수행이 편안하고 안정적입니다. 훤히 트여 고요한 평화스러움이 밀려오고 행복감이 충만해집니다. 고독한 태양이 나를 반깁니다. 더 이상 안과 밖이 둘이 아닙니다.

마음 안에서 하는 공부가 참된 마음수행입니다.

관자재보살이 깊은 마음속에서 지혜의 눈이 열리고 있다는 것입니다.

관세음보살이 주인공으로 나오는 대표적인 경전이 『관음경』과 『반야심경』입니다. 관세음보살의 자비와 지혜를 표현하는 대표적인 경전이죠. 나는 출가해서 지금까지 관음염불과 반야경을 주된 수행으로 삼고 염불과 경전독송을 해왔습니다.

특히 반야심경과 금강경을 좋아했는데, 처음 출가해서는 반야심경을 열심히 독송하였습니다. 목탁 치는 연습도 반야심경에 맞춰 훈련을 거듭하였고, 예불을 생명처럼 여기는 기도인 시절에는 경문을 관(觀)하려고 애를 썼습니다.

한때 장애에서 허덕이던 시절이 있었습니다. 그야말로 캄캄함 그 자체였습니다. 그동안 알고 공부했던 것은 알 수도 없고 어디에 있는지, 그저 멍한 정신 상태만이 이어져 갔습니다. 불법에 인연이 있었던지 금강경과 반야심경을 손에 잡고 일만 독을 목표로 열심히 독송을 하였습니다.

공양하는 시간과 해우소 가는 일, 잠자는 일을 제외하고는 오로지 앉아 독송을 하였습니다. 그렇게 일주일이 지나자 독송하는 머릿속에서 하얀 불꽃이 환하게 일어나는 것이었습니다. 다음날 아침 몸은 개운하였고 정신은 그전처럼 맑고 상쾌했습니다. 고마운 마음에 반야경에 감사의 절을 하였습니다.

일만 독을 마친 후로도 관음염불과 반야경을 독송하는 것을 하루 일과로 삼으니, 공의 이해와 반야바라밀의 숨은 뜻을 꿰뚫게 되었고 그 내용을 이렇게 글로 적고 있는 것입니다. 관음염불과 반야경의 독송은 공을 체험하고, 반야바라밀의 현상을 이해할 수 있는 지름길인 것 같습니다.


조견오온개공 도일체고액

照見五蘊皆空 度一切苦厄

오온이 공함을 비추어 보아 온갖 고통과 액난에서 건넜느니라.


관자재보살이 완성된 지혜의 눈으로 온 세상과 진리를 참된 모습으로 비추어 보는 것입니다. 반야에는 몇 가지 종류가 있는데 보통 3반야를 들 수 있습니다.

① 실상반야(實相般若) : 반야의 본체이고, 일체허망의 모습을 여읜 우주와 인생의 근본모습이며, 중생에게 본래 갖추어져 있는 반야의 실다운 성품입니다.

② 관조반야(觀照般若) : 우주의 실상을 관조하는 반야이며, 실상의 이치를 관조하는 지혜이니 반야의 신체라고 할 수 있습니다.

③ 문자반야(文字般若) : 실상반야와 관조반야를 드러내기 위해 문자로 설명한 반야, 방편반야(方便般若)라 하며, 반야경 등의 경문(經文)입니다.


비추어 본다는 것은 마음 안이 깨끗하고 밝아서 반야의 본체인 태양이 사방을 비추는 것입니다. 자신을 비추어 진실한 자신을 보기도

하고, 온 우주를 비추어 보는 것입니다. 밝음으로 해서 물질과 진리의 이치가 확연히 드러납니다. 태양이 뜨면 어두운 동굴은 사라지고 밝아진 동굴 속이 훤히 보이는 것처럼 만물의 이론이 순간적으로 내비칩니다.

그렇게 오온(五蘊)을 비추어 보니 모두가 텅 비었기 때문에 고통과 액난에서 벗어났다는 것입니다. 그동안 우리의 인생에서 나를 괴롭혔던 고통과 액난이 원래 없었던 진실임을 알기에 그 속박에서 바로 벗어날 수 있는 것입니다.

관조반야는 수행체험에서 나오는 살아있는 반야입니다. 고난과 고통을 제도하고 나를 바로 알아보는 현실수행입니다.


지금은 열반하신 나의 노스님이신 일타스님과 조계종 종정을 지내신 혜암스님 등 일곱 분이 정화불사 직후에

"우리가 지금까지 정화불사라는 이름으로 비구와 대처 간의 싸움에 이끌려 업을 지었으니 참회기도를 올리고 본래 있어야 할 선방으로 돌아가서 공부하자"며 오대산 적멸보궁에서 7일 동안 매일 삼천 배를 올리며 참회기도를 했습니다.

그런데 일타스님이 첫날 삼천 배를 하고 나서는 두 손을 들었습니다.

"나는 절은 못하겠습니다. 하지만 기도하러 함께 들어와서 나 혼자 나갈 수는 없으니 스님들은 기도하십시오. 저는 공양주를 하겠습

니다."

중대 사자암에서 일주일간 공양주 소임을 살며 기도하는 스님들의 공양과 부처님공양을 혼자 준비해 올렸습니다. 공양주 소임을 수행 삼아 열심히 기도정진을 하다가 5일째에 이르러 '오온공'의 세계를 체험하게 됩니다.

오온공을 체험한 일타스님은 기도 회향 날 그곳에서 『법화경』에 의지해 몸을 없애버리는 소신공양을 하겠다고 결심을 했습니다. 그러자 혜암스님이 일타스님을 적극적으로 말렸습니다. 같이 기도하러 와서 그럴 수 있느냐고 설득해 결국 손가락 네 개를 연비하는 것으로 마무리했습니다.

일타스님은 그 후 홀로 태백산 도솔암으로 들어갔습니다. 그곳에서 6년 동안 참선정진하면서, 아주 열심히 부처님 제자답게 살았다고 합니다. 일평생 무엇과도 바꿀 수 없는 그 6년의 참된 공부의 바탕은 오온이 공함을 체험하게 되었기 때문입니다.

오온이란 몸과 마음의 작용을 다섯 개로 분류한 것을 말합니다.

① 색온(色蘊 rūpa-skandha) : 육체, 혹은 물질을 가리킵니다. 새로운 기종의 스마트폰이 하나 있습니다.

② 수온(受蘊 vedanā-skandha) : 감수작용으로, 감각과 단순한 감정을 말합니다. 스마트폰이 디자인이 산뜻하고 색깔도 마음에 들고 무엇보다 촉감이 아주 좋습니다.

③ 상온(想蘊 samjña-skandha) : 마음에 떠오르는 형상인 표상작용(表象作用)을 말합니다. 여러 가지 최신기능이 많네. 이 제품 마음에 들고 좋은데, 가격은 얼마일까? 할부는 되는 것인가? 실질적인 계산을 한다고 볼 수 있습니다.

④ 행온(行蘊 samkāra-skandha) : 충동적 욕구에 해당되는 마음작용, 수(受)·상(想)이외의 마음작용을 말합니다. 그래 돈이 없어도 요번에 바꾸는 거야. 신용카드가 있잖아. 어느새 손에는 최신형 스마트폰이 들려있습니다.

⑤ 식온(識蘊 vijñāna-skandha) : 인식과 식별작용, 정신작용 전반을 총괄하는 마음의 활동입니다. 예전에 쓰던 것보다 좋네. 그런데 기능이 너무 많아서 사용하기 어려워. 내 것은 친구 것보다 한 단계 높은 제품이다. 역시 잘 샀네.

우리들의 일상생활에서의 정신작용은 수·상·행·식의 불규칙 반응입니다.


존재의 실상을 텅 빈 것으로 보는 것이 반야입니다. 그래야만 모든 문제를 해결할 수 있는 것입니다. 그리고 반야를 깨닫고 그전에 속박되었던 괴로움에서 벗어나는 것이 바라밀입니다. 우리의 몸과 마음이 텅 비었을 뿐만 아니라 삼독심의 탐(욕심)·진(성냄)·치(어리석음)도 공하다고 하는 것입니다.

우리들은 감정이 영원하다고 믿고 있습니다. 좋아하고 미워하는 감정에 휩싸여 강하게 집착을 하면 그 감정에서 쉽게 벗어나지 못합니다. 그 안에서 괴로움을 호소합니다. 그래서 상대방에게 피해를 주는 경우도 있습니다.

집착심은 반야의 적입니다. 반야에 집착을 하면 삿된 반야가 됩니다. 집착이 있는 마음으로는 존재의 실상을 바르게 볼 수 없습니다. 집착심이 강한 인생은 고통과 액난의 연속입니다.

노스님이 항상 공하다는 말을 입에 달고 살았습니다. 보는 스님마다 찾아오는 신도들에게도 모든 것이 공하다는 법문을 하는 것이었습니다.

어느 날 아침 발우공양시간에 행익을 하는데, 노스님의 발우에는 밥을 담지 않는 것이었습니다.

노스님이 물었습니다.

내 발우에는 왜 밥을 담지 않는가.

행익을 하는 스님이 말했습니다.

모든 것이 공하다고 하지 않았습니까.

다시 말했습니다.

그런데 왜 밥을 먹으려고 하십니까.

그 스님은 아무 말도 하지 못했다고 합니다.'

때로는 시기와 질투, 그리고 악성 댓글로 마음에 상처를 입고 괴로워하는 사람들이 많습니다. 의욕을 상실하고 패닉 상태에 이릅니다. 세상이 무서워져 밖에 나가는 것도 망설여집니다.

이 문제를 해결할 방법은 강한 의식의 전환을 하여야 합니다. 자신에게 벌어진 일들이 텅 비어 있어 없는 것으로 받아들이는 지혜가 절실히 필요합니다. 마음에 증오와 나쁜 감정을 가지지 말고 그저 공하다고 생각한다면 얼마 지나지 않아 따뜻한 봄날에 눈 녹듯 나쁜 현실들이 사라져 버리는 것입니다.

세상을 텅 빈 것으로 내다보고 한 걸음 더 나아가 반야바라밀(진공묘유)에 의지해야 인생과 깨달음을 완성시킬 수 있습니다.

반야바라밀은 정법입니다. 정법은 아름답고 거룩합니다. 반면에 삿된 법은 처음에는 불량식품처럼 달콤한 듯 맛있지만 뒷날엔 몸에 이상이 찾아옵니다.

반야바라밀을 믿고 의지해야 아름답고 거룩한 인생을 살 수 있는 것입니다.

우리들의 인생은 예기치 않은, 그리고 도저히 이해할 수 없는 고통과 액난들이, 그리고 질병의 아픔과 슬픔이 찾아와 트라우마를 겪게 됩니다.

인생은 행복과 불행이 동전의 양면처럼 같이 다니지만 행복하다고 말하는 사람은 드뭅니다. 인생이 즐겁다고 말하는 사람은 더더욱 드뭅니다. 어쩔 수 없이 살아가는 게 인생이라고 사람들은 당연하듯이 말을 합니다.

더욱 슬프게 하는 건 건전하지 못한 사회와 경제의 불황으로 정신병이 급증한다는 것입니다.

조그만 개인 사업을 하던 김 씨는 지난해 경기가 나빠지면서 사업을 정리해야 했습니다. 지금은 교회 일을 보면서 생활하고 있지만 모아둔 돈이 없어 노후가 걱정되고, 당장 두 자녀가 아직 취업을 하지 못한 상황인 것도 고민거리입니다. 그는 항상 초조, 불안, 불면증 등에 시달리다 병원을 찾습니다.

중학교 2학년 때 급우들에게 따돌림, 이른바 왕따를 당했던 박군(중3)은 3학년에 진학해서도 괴롭히던 학생들 다수가 같은 반에 배정되면서 극심한 스트레스에 시달리고 있습니다. 집에서는 신경질적으로 변해 툭하면 동생과 싸우고 심지어 어머니에게 욕설을 하는 등 난폭한 행동을 보여 어머니와 함께 정신건강의학과에 다니고 있습니다.

스트레스, 따돌림, 실업, 노후 불안 등으로 정신질환자가 급증하고 있습니다. 건강보험심사평가원에 따르면 2010년 정신질환으로 진료를 받은 환자는 204만 명으로 2006년(160만 명)에 비해 27.2% 증가했고, 2011년 말 전국 가구 수가 2000만 가구에 달한 점을 감안하면 10가구에 1가구가 정신질환 환자로 고통을 겪고 있는 셈입니다.

반야의 텅 빈 지혜로 존재의 실상을 바라볼 때 100프로 문제 해결책을 찾을 수 있습니다. 그러나 반야는 우리들의 사정을 잘 알고 있습니다. 모든 것을 텅 빈 것으로 바라볼 수 있는 능력이 부족하다면 숱한 고난과 고통을 참아내고 스승으로 삼아 문제를 해결하고 그 과정에서 인생의 행복을 느끼는 것도 바람직한 삶일 것입니다.

원측스님의 『반야심경찬』에 의하면 오온이 공함을 비추어 본다는 것은 자기를 이롭게 하는 자리(自利)의 이치가 있고, 온갖 고통과 액난에서 건넜다라고 하는 것은 남을 이롭게 하는 이타(利他)의 뜻이 있다고 하였습니다.

공의 해석에도 여러 가지 관점이 있습니다. 불법은 매우 깊어 본래 한 맛이나 공을 배우는 이들이 깨닫지 못해 서로 다른 의견을 만들 뿐입니다.

붓다는 『불지경』에서 이렇게 말씀하십니다.

비유하건대 온갖 크고 작은 냇가들이 아직 큰 바다에 들어가지 않았을 때에는 각각 의지하는 바가 달라서 물에 차이가 있고 물이 늘어나고 줄어듦이 있지만 만약 큰 바다에 들어간다면 의지하는 바가 다르지 않고 물에 차이가 없으며, 물에 늘고 줆이 없듯이, 보살이 아직 여래의 청정한 법계의 큰 바다에 들어가지 않았을 때에는 각각 의지하는 바가 다르고 지혜에 차이가 있고, 지혜에 늘고 줆이 있지만 만약 여래의 청정한 법계에 깨달음을 얻어 들어간다면 의지하는 바가 다르지 않고 지혜에 차이가 없으며, 지혜에 늘고 줆이 없어서 화합된 한 맛의 지혜를 받아들인다.

앞으로 그 유명한 공사상들이 펼쳐질 것입니다. 공을 바라보는 관점, 공을 이해하는 시각, 공을 체험하는 정도 등이 모두 판이하게 다르기에 반야심경의 해설서들이 무척 많은 것은 사실입니다.

필자는 앞으로 공의 체험과 최고로 발달한 우주과학의 현상을 통해 공을 말하고, 공의 진정한 의미를 밝힐 것입니다. 물리학과 천문학, 그리고 우주학을 말하려는 것이 아니라 반야심경을 보다 대중적인 방법으로 알리기 위해 우주를 들은 것입니다.

옛날 중국과 한국에 있던 깨달음의 비유도 필요하고 중요하지만 이제 새로운 깨달음의 시대를 열어가야 하지 않을까. 그것을 우리는 끝없이 펼쳐진 이제 서서히 조금씩 밝혀지는 우주의 수수께끼들이 어쩜 대승불교의 고차원적인 핵심 사상들과 일치하는 것일까. 반야바라밀이란 결국 인간세상과 우주를 통합하는 진리의 매개체는 아닐까. 또 나의 마음이 결국 4차원의 시공간을 넘어 차원이 무의미한 세계의 주인이라는 사실을 반야바라밀은 알려줄 수 있을까.

앞으로의 세상은 엄청나게 빠른 속도로 변해가고 있을 것입니다. 눈에 보이는 가치관에서 눈에 보이지 않는 가치관의 시대를 열어가는 중간 길목 시대에 우리는 서 있는 것입니다. 우리의 몸과 의식은 지구라는 행성을 벗어나 이제 우주로 눈을 돌려야 합니다. 우주는 우리들을 기다리고 있고, 우리들을 맞이해 줄 것입니다. 지구와 우주를 통합하는 시대를 맞이하는 당신이 반야바라밀의 기능과 작용을 모르면 이 엄청난 세상에서 제대로 정신을 차리고 살 수 없을 것입니다.

# 반야바라밀과 마음치유(힐링)

경제와 산업이 고도로 발전함에 따라 의식주 등 많은 것들이 풍부해 졌습니다. 지금 이 세상은 돈만 있으면 무엇이든지 가질 수 있다는 평화로운 세상을 외면한 이기적인 생각을 가지는 분들이 많습니다. 물질만능주의가 가져온 비참한 현실입니다.

사람간의 끈끈한 신뢰와 정을 뒤편으로 몰아놓고 성공을 위하여 배신과 남의 재능을 이용하는 일은 사회의 흔한 이슈가 되어 왔습니다. 인간은 육체의 원초적인 욕망에 충실하여 마음을 잃어가기 쉽고, 내면의 기쁨과 행복을 등한시해 왔습니다.

물질의 풍요를 위해서 속도와 경쟁이라는 현실에서 정신없이 달려왔지만 몸과 마음은 지쳐가고 허전함을 느끼기도 합니다. 마음에서 울려퍼지는 뿌듯한 기쁨과 만족이 진정한 행복과 평화스러운 삶을 사는 것을 알아야 합니다. 물질적 풍요를 누리던 서구에서도 물질적 행복의 한계를 깨달으면서 이제 마음공부, 마음치유가 중요한

지를 인식하고 주목을 하게 됩니다.

현대에는 뇌질환의 환자들이 많다고 합니다. 뇌는 마음의 작용입니다. 뇌를 통해서 마음이 표현을 하는 것입니다. 그래서 뇌질환을 줄이는 일은 마음을 안정스럽게 하여 평화를 이끌어내야 합니다. 그렇지 않으면 그전에 담아 두었던 악연의 세포를 재생시켜 뇌를 위축시키고 폭발시켜 버립니다. 마음의 기쁨 속에서 하루를 살아야 합니다. 마음의 행복이 바로 뇌의 행복이기 때문입니다.

분노·탐욕·시기·질투·우울증 등 자신의 감정을 컨트롤하지 못하고, 감정의 노예가 되는 것은 마음에 안 좋은 감정들을 많이 담아 놓기 때문입니다. 마음이라는 투명 보자기에 더러운 것들을 담아 두니 몸과 마음이 힘들고 지치는 것은 당연하다고 할 수 있습니다.

전문가에 의하면 병의 원인은 육체적인 것에서 오는 것은 5프로에 불과하고 마음에서부터 오는 병은 95프로에 달한다고 합니다. 마음 공부와 힐링으로 육체적 병을 고친 사례는 많습니다. 맑은 공기를 마시며 고요하고 편안한 산사에 머물고 있는 것만으로도 우리들의 몸과 마음이 가지고 있는 병을 치유할 것입니다.

현대인의 아프고 지친 몸과 마음을 치유하는 힐링 이야기를 해볼까 합니다.


● 마음의 속성을 알아두자

손자병법(孫子兵法) 3편 모공편(謀攻篇)에는 적을 알고 나를 알면 백

전백승이란 말이 있습니다. 전쟁은 전투를 하지 않고 적국을 굴복시키는 것이 가장 좋은 방법입니다. 그러나 무력전이 벌어진 전쟁의 승산은 적을 알고 자기를 아는 일입니다. 이렇게 되면 백 번 싸워 백 번 이길 수가 있습니다.

악하고 나쁜 감정들은 마음이 만들어 냅니다. 물론 기쁘거나 좋은 감정들도 마음이 만들어 갑니다. 그렇기 때문에 불가불 마음에 대하여 알아두는 것입니다. 병이 들면 그 병에 대하여 전문적 지식으로 자세히 알려는 것과 마찬 가지입니다. 병에 대해서 잘 알아야 안전하게 치료할 수 있는 것입니다.

마음은 자취가 없습니다. 보이지도 않고, 소리도 나지 않고, 냄새도 없으며, 색깔도 없습니다. 다만 마음을 어떻게 쓰느냐에 따라 인과를 남길 뿐입니다. 착한 마음을 쓰면 복이 찾아와 즐거워 행복해 하고, 분노와 미움의 악하고 일그러진 마음을 쓰면 재앙이 찾아와 고통스럽게 괴로워하는 것입니다.

마음은 신비한 테크놀로지의 실현입니다. 내가 만들고 짓지 않으면, 우주가 서로를 방해하지 않고 순응하는 규칙에 따라 은하수들을 이끌고 가듯, 우리 마음도 동요가 없으면 무심 속에서 활기찬 인생을 살아가는 것입니다.

마음은 모든 현상의 근본임을 알아야 합니다. 마음이 잠들면 몸도 잠들고, 마음이 깨어나면 육체도 깨어납니다. 마음과 몸은 한 가족입니다. 건강하게 마음을 쓰는 곳에 건전한 육체가 자라납니다.

• 마음을 비우려고 한다

'난 마음을 비웠다'는 말을 가끔씩 하곤 합니다. 마음은 원래 텅 비워져 있는 것이지만 유(有)에 익숙한 인간들은 비우려고 노력을 해야 합니다. 병이 들면 병원을 찾아가 진찰을 하고 치료를 하는 것과 같습니다.

내 마음 안에 분노·탐욕·시기·질투·우울증 등 더러운 오염이 있고, 맑고 밝은 마음이 유지되지 않으면 마음병이 있다는 것을 인정하고 자각하는 것을 해야 합니다. 마음병은 인정하고 자각하는 곳에서 치료가 가능합니다. 불가에서는 천불(千佛)이 세상에 나오셔도 마음병이 깊은 사람은 제도하지 못한다는 말이 있습니다. 자신의 내면 증상을 인정을 해야 마음치유가 시작됩니다.

마음치료가 시작되면 꾸준한 치료를 받아야 합니다. 마음병은 증상이 쉽게 드러나지 않기에 일단 밖으로 나타난 증상은 오랜 시간에 걸쳐서 만들어진 것입니다. 꾸준한 반복을 요구하는 것이 마음치료입니다. 마음병은 근본으로부터 멀어진 병이기에 자연으로 회귀하는 것이 좋은 방법입니다.

• 맑은 공기를 마시며 산책을 하고 자신과 친근한 대화를 나누는 것입니다.

• 가벼운 운동과 노동으로 가라앉은 몸과 마음을 일깨워주는 것입니다.

• 모두가 행복하고 평화스러운 세상을 만들려는 꿈을 그리고 완성

된 모습에 환희에 충만한 마음을 느끼는 것입니다.

• 초롱초롱 한 별빛을 바라보고 저 멀리 그려진 별박이 은하수에 나의 마음을 던지는 것입니다.

• 수행을 통해 맑고 밝은 마음을 회복하는 일입니다.


● 자비심을 기른다

꾸준하고 반복적인 마음치료를 하셨다면 약을 드셔야 합니다. 자비는 무적이란 말이 있습니다. 자비에는 원수와 적이 없습니다. 자비는 만물을 포용하는 연민이고 오염된 자성을 치료하는 기능을 가지고 있습니다.

세상이 점점 메말라 가는 것은 자비심의 부재에 있다고 하겠습니다. 특히 수행자는 자비심을 완성시키는 노력이 필요합니다. 자비심이 결여된 수행은 올바른 길을 향해가는 것이 아닙니다.

자비는 마음병을 치료하는 좋은 명약입니다. 오랜 정신병에 시달린 사람에게는 자비한 마음을 전해주는 일이 무엇보다도 중요합니다. 자비는 서로 주고받을 수 있는 열린 마음의 결정체입니다.

자비심을 기르는 방법은 부처님을 칭명하는 것이 효과적으로 빠르고 안전합니다. 부처님의 자비한 마음을 바로 받고 깨닫는 방법입니다. 입과 마음으로 부처님 명호를 칭명하다 보면 자비가 가득한 나의 마음을 만날 수 있습니다.

관세음보살은 대자대비를 상징합니다. 관세음보살은 자비의 화신입니다. 힘차게 간절하게 하는 관음염불은 그전에 치유되지 않았던 지독한 악업도 깨끗하게 치료하는 초강력 정화능력을 가지고 있으며, 어느 순간 나는 자비인이 되어 세상을 바라보고 있을 것입니다.

• '사랑합니다, 고맙습니다' 하고 외쳐봅니다. '사랑합니다, 고맙습니다', '사랑합니다, 고맙습니다' '사랑합니다, 고맙습니다' 모두를 진심으로 사랑합니다. 당신의 희생과 배려에 고마운 마음을 전합니다. 이렇게 하면 당신의 마음치유와 행복은 물론이고 타인에게 힘과 희망을 주는 것입니다.

• 산하 대지는 물론 우주까지 나의 마음으로 따뜻하게 감싸 안습니다. 눈을 슬며시 감고 호흡을 조절하며 마음안의 넓은 팔을 벌려 포근하게 포옹을 하며, 온몸으로 느낍니다.


● 지혜롭게 살자

지혜롭게 살라는 것은 나쁜 생각과 감정에서 벗어나 다시는 병이 걸리지 않게 예방을 하는 것입니다. 자비의 명약을 먹고 마음병이 나았다면 두 번 다시 병이 생기지 않도록 예방을 하는 것입니다.

인생에서 큰 실수를 하여 많은 것을 잃어버리고 그로 인해 강한 정신적 충격을 받으며 강한 충격으로 인한 깨달음으로 다시는 잘못된 절차를 밟지 않으려는 인내를 말합니다. 병의 치료도 중요하지만 그 병에 노출되지 않는 생활습관이 더욱 중요한 일입니다.

나쁜 일을 버리지 못하는 것은 악순환의 연결고리를 밟고 있기 때문입니다. 자신의 허물이 있을 때에는 찾아서 고치려고 해야 합니다. 벌어진 상황을 잘 판단할 수 있는 사유의 힘을 기르는 것도 지혜로운 삶입니다.

나와 가정을 파괴하고 건강한 사회를 좀먹는 중독에서 벗어나야 합니다. 중독자들은 바깥 대상의 쾌락을 통해 자신만의 행복을 얻으려고 합니다. 마음병은 점점 깊어만 갑니다. 독(毒)에 묻혀버린 마음을 치유해야 합니다.

한국이 알코올, 도박, 인터넷 게임, 마약 등에 빠지는 중독 사회가 되고 있다는 진단이 나왔습니다. 중독 전문가 단체인 중독포럼의 자료에 따르면 우리나라 알코올중독자는 155만 명, 도박 중독자는 220만 명, 인터넷 중독자는 233만 명, 마약중독자는 10만 명 등 618만 명으로, 국민 8명 가운데 1명이 4대 중독에 빠져 있다는 것입니다. 경기침체로 인한 현실도피가 겹쳐져서 중독에 빠지는 사람이 계속 증가한다고 합니다. 특히 폭력게임에 중독된 청소년들은 현실에서도 서슴없이 타인에게 폭력을 행사합니다.

마음치유의 성공은 좋은 습관을 갖는 데 있습니다. 게으름·중독·교만·무절제 등 나쁜 생활습관으로는 행복하고 편안한 마음을 얻을 수 없습니다. 건강한 육체를 얻을 수 없습니다. 습관은 강력합니다. 습관은 인생과 의식을 바꿔 놓습니다. 습관은 신경학적으로 열망을 조장합니다. 이런 열망은 아주 점진적으로 자리 잡기 때문에 대부분은 그런 열망이 존재하는지 의식하지 못합니다. 따라서 습관의 영향을 깨닫지 못하는 경우가 많습니다.

조급한 마음을 버리고 나쁜 습관을 고치려는 굳은 결심이 필요합니다. 좋은 습관을 가지려는 꾸준한 노력이 필요합니다. 하루에 한 시간이라도 마음을 살피는 습관에 익숙해져야 합니다. 좋은 습관은 하루아침에 이루어지지 않습니다. 고칠 수 있다는 강한 믿음과 실천력이 뒤따릅니다. 좋은 습관은 힘들고, 어렵고, 장애가 닥쳐올 때 수행에서 얻은 내면의 힘을 발휘하게 만듭니다. 좋은 습관은 인생의 풍성한 열매를 맺게 해주는 비료의 역할을 해줄 것입니다.

• 긍정적인 마인드를 가집니다.
• 꿈을 가지고 아침 일찍 일어나는 습관을 만듭니다.
• 자신을 절제할 수 있는 내면의 힘을 기릅니다.


이제 본문으로 들어가겠습니다.

사리자
舍利子
사리자여!


사리불(舍利弗. 샤리푸트라. Sariputra)이라 하고, 사리자란 이름은 한역을 한 것입니다. 사리자는 부처님 십대 제자 중 한 분으로 지혜가 제일 출중하여 지혜제일 사리자로 불립니다.

처음에는 목건련과 함께 육사외도의 한 사람인 산자야(Sanjaya)의 제자가 되지만 어느 날 다섯 비구 중 앗사지 스님에게 감동을 받아 출가제자 250인을 이끌고 부처님께 귀의하게 됩니다.

석존께서는 사리불 존자를 부르실 때 나의 장자(長子)라 하셨습니다. 여러 제자 가운데 상수제자로서 칭송받던 사리자 존자는 부처님보다도 연장자로서 목건련과 함께 교단의 후계자로 지목되었지만 부처님 생전에 입적하게 됩니다. 제바달다가 반역하여 교단에서 500명의 제자들을 데리고 상두산으로 갔지만 사리자가 쫓아가서 설법으로 제자들을 되돌아오게 한 일은 유명한 일화합니다.

『대지도론』에서 말하기를 사리불은 만 가지의 삼매를 얻었고, 모든 부처님의 제자 중 지혜가 제일이다. 그래서 세존께서는 모든 중생의 지혜는 부처님을 제외하고는 사리불의 지혜와 다문(多聞)에 견주려고 하나 십육 분의 일에도 미치지 못한다고 하였습니다.

사리자는 관자재보살과 함께 반야심경에 주인공으로 등장하는 인물입니다. 관자재보살은 대승의 대표적인 실천자이고, 사리자는 소승의 뛰어난 제자입니다. 즉, 관자재보살은 지혜를 완성한 보살이고, 사리자는 지혜제일이라 불리지만 아직 성문(聲聞)의 단계에 머물고 있는 것입니다.

대승에서 바라본 소승은 자신만을 위한 편협한 실천자이기에 소승제일인 사리자를 등장시킨 것입니다. 그러나 사리자 존자도 부처님과 같이 설법을 나누어 했던 훌륭한 스님이었고, 대승의 바른 의미는 각자의 개성을 인정하고 이해해서 함께 나아가는 데 있다고 하겠습니다.

관자재보살은 사리자에게 대승의 관점으로 세상을 바라보고 깨달음을 얻으라는 가르침으로 경전의 중요한 내용이 펼쳐집니다.

# 직관의 힘

색불이공 공불이색 색즉시공 공즉시색 수상행식 역부여시
色不異空 空不異色 色卽是空 空卽是色 受想行識 亦復如是
색은 공과 다르지 않고
공은 색과 다르지 않아서
색이 곧 공이고 공이 곧 색이다.
수상행식도 또한 이와 같다.

'조견오온개공'을 자세히 설명하는 부분입니다. '색불이공 공불이색 색즉시공 공즉시색'은 공의 속성을 말하는 것입니다. 불의 속성은 뜨거운 것이고, 물의 속성은 습한 것입니다. 텅 비어 있는 것이 공의 속성입니다. 그러나 본문에서는 분명히 물질은 공과 다르지 않고 공은 물질과 다르지 않다고 하였습니다. 이것은 무엇을 의미하고 있는 것일까.

텅 빈 공간은 정말 아무것도 없는 것일까.

공에 대한 오해하기 쉬운 큰 함정은 텅 비어 있다고 해서 허무(虛無)에 빠지는 것입니다. 허무는 의욕상실입니다. 비어 있으므로 아무것도 없기 때문에 어디에 마음을 두기 힘들 수 있습니다. 여기서 우리는 진공(眞空)의 이치를 알아야 합니다. '색불이공 공불이색 색즉시공 공즉시색'은 진공의 이치를 보여주는 법문인 것입니다.

아인슈타인의 일반상대성 이론에 따르면 우주공간은 물질이 존재해야 비로소 정의가 되고 그 물질의 양에 따라 모습이 달라진다고 합니다. 우주는 거의 텅 빈 것과 다름없이 보입니다. 그것은 우주공간이 계속 팽창하고 있기 때문입니다. 텅 빈 우주공간 안에는 은하들이 있고, 수없는 물질들의 체계 질서가 자리 잡고 있는 것입니다. 넓은 의미에서 공을 바라보아야 공을 이해하기 쉽습니다. 이것이 참된 의미의 공입니다.

마음 안에서는 몸(물질)과 공이 다르지 않습니다. 마음 안에는 내면의 정신과 감정 작용을 포용한 공이 펼쳐져 있고, 모든 물질들이 스크린안의 영상처럼 그려져 있습니다. 그래서 마음에서는 하나라는 관점에서 대상을 바라봅니다. 붓다가 있기 때문에 중생이 있고, 중생이 있기 때문에 붓다가 있는 것처럼, 마음과 붓다와 중생이 다르지 않듯이 공안에는 물질이 있고 물질 안에는 공을 머금고 있는 것입니다.

붓다와 중생이 다르지 않듯이 인간들과 우주도 다르지 않습니다.

사람이 우주라는 뜻입니다. 우주를 마음속에 담아두고, 우주를 마음 밖으로 내보는 매개체가 공인 것입니다. 우주와 물리학에서 밝혀진 진실들은 불교와의 유사점을 말하는 훌륭한 사실들을 입증하고 있습니다. 우주에서 밝혀진 여러 이론들이 대승불교 사상에 고스란히 드러난 것입니다. 불교는 인간의 심리적 정신발달의 면뿐만 아니라 나와 우주를 하나로 만들어 이끌어간다는 사실을 밝히기 시작했습니다.

진공에는 '있다, 없다'의 상대적 개념을 떠난 진실이 숨어 있습니다. '진공 이것은 원래 아무것도 없는 공간이어야 합니다. 그런데 현대물리학 이론에 따르면 완전한 진공에서도 에너지가 존재하며, 원자보다도 훨씬 작은 차원에서 보면 이상한 현상이 일어난다고 합니다. 진공에너지에 의해 극히 짧은 시간에 아무것도 없는 공간으로부터 갑자기 입자가 나타났다 사라져 버린다고 합니다.'

2,500여 년 전 붓다가 말씀하신 진공묘유(眞空妙有)의 도리를 이제 현대물리학이 우주의 비밀을 조금씩 밝혀낸 것입니다. 이제 과학의 발달로 불교의 우주관과 극락세계가 현실성이 있음을 입증할 날이 멀지않았습니다.

관조반야는 직관(直觀)으로 바라보기 때문에 색이 공이고, 공이 색이 되는 이치입니다. 물질이 변화해서 공이 되는 것이 아니라, 색은 곧 공이라는 말입니다. 그러니까 색은 공과 같다(색 = 공)는 공식이 나옵니다. 그렇기에 어느 한 경계를 넘어선 고수들은 대상을 바라보면 바로 입력이 되는 수행력의 직관지(直觀智)가 뛰어납니다.

블링크(blink)란 긴급한 상황에서 신속하게 결정을 내릴 때 첫 2초 동안 우리의 무의식에서 섬광처럼 일어나는 순간적인 판단을 뜻합니다.

우리가 보통 직관, 육감 혹은 통찰이라고 부르는 능력입니다. 오늘날의 교육은 이런 순간 직관력을 원시적인 육감으로 낮게 생각하고, 논리와 지식을 높게 평가합니다. 논리적 지식으로 잘 학습된 합리적 사고는 평화롭고 안정된 상황에서는 그 능력이 잘 발휘됩니다. 그러나 변화무쌍한 현실의 세계에서는 치명적인 약점이 될 수 있습니다. 고수의 순간 직관력은 어떤 과학이나 정보의 통합보다 강력한 힘을 발휘합니다. 이것이 블링크가 말하는 통찰력입니다. 생각하지 않고 생각하는 힘입니다.

새로운 문제에 매일 직면하면서 빠른 시간에 해법을 찾아야 하는 현대사회에서 직관력은 조직의 사활을 좌우하기도 합니다. 직관력은 하루아침에 이루어지는 것은 아닙니다. 평소 꾸준한 마음과 정신을 모으는 훈련과 수행을 통해 이루어지고, 다양한 경험을 통해 관찰하는 힘이 길러지는 것입니다. 내면과 바깥을 순간적으로 오가며 판단하는 직관의 힘은 수행의 증표입니다. 직관력은 풀리지 않는 역사의 수수께끼를 푸는 신비한 힘이 있습니다. 직관력은 지적 장애에서 벗어나는 특효약입니다.

그리고 직관력은 억지로 만들어 생기는 것이 아니라 지혜의 작용에 의해 자연스럽게 생기는 것입니다.

'아프리카 어느 작은 원시 부족의 신화입니다. 그들은 동짓날 별을 위해 축제를 연다고 합니다. 그들의 신화가 특이한 건 외계인을 믿는다는 것 외에도 보이지도 않는 별을 마치 본 것마냥 거리와 위치를 너무도 자세하게 표현하고 있다는 것입니다. 어느 민족이나 별에 대한 신화는 있었지만 이런 신화는 거의 찾기 힘들 것입니다.

천문학자들이 그 별을 찾기 시작했으나 발견하지는 못했으며, 그냥 재밌는 신화가 되고 말았습니다. 그런데 1960년대 정말 우리에게 충격적인 사실은 바로 그 별을 발견한 것입니다. 그런데 더욱 놀라운 사실은 그 신화에서 말하는 그 별의 위치나 거리 또는 공전·자전주기 등이 거의 정확히 맞는다는 사실입니다. 또 그별이 굉장히 중력이 크다는 것도 발견했습니다.

아직도 석기시대의 문명을 가진 원시부족인 그들이 어떻게 고도의 과학문명을 자랑하는 우리들보다 더 정확히 그 별을 알고 있었을까요.

심리학계는 이 일화의 미스터리를 직관력이라고 설명을 합니다.'

'색즉시공 공즉시색'의 법문은 인간들이 가장 흥미롭게 생각하는 초능력인 순간이동이 가능하다는 것입니다. 지금도 우리 눈앞에서는 약한 순간이동의 현상이 벌어지고 있습니다. 자동차나 비행기 우주선 등이 이것에 해당한다고 할 수 있습니다. 물론 어떤 사람들은 그것이 무슨 순간이동을 하는 거냐고 우습게 여기겠지만, 문명이 발달되지 않는 원시인의 눈에는 분명히 놀라운 순간이동의 현상이 벌어지고 있는 셈입니다.

'초능력 순간이동을 주제로 다룬 판타지 액션영화 '점퍼'에서 데이비드 라이스는 뉴욕, 도쿄, 로마, 이집트의 스핑크스 등 원하는 곳을 순식간에 이동할 수 있는 능력의 소유자입니다. 일명 점퍼입니다. 그는 눈 깜박할 사이에 전 세계 어디든 갈 수 있습니다. 17세 때 얼어붙은 강가로 빠져서 거의 죽게 된 데이비드. 하지만 정신을 차려보니 앤아버 도서관으로 순간이동을 하게 되었는데요. 일단 살았다는 것에 안도하며 자신이 순간이동을 할 수 있음을 깨닫게 됩니다.

자신의 능력을 처음 자각한 데이비드는 뉴욕, 도쿄, 로마, 이집트 등 원하는 곳으로 점핑하며 화려한 메트로폴리탄의 삶을 누립니다.

SF영화의 소재였던 순간이동이 현실에서도 가능합니다. 단지 우리들의 눈에는 보이지 않을 뿐입니다. 우리보다 고차원적 문명을 가진 종족은 과학의 발달로 순간이동을 하며 우리들을 지켜볼지도 모릅니다. 그들은 우리보다 몇 단계 높은 문명을 발전시켜서 자신들이 개발한 능력으로 특권을 누리고 있을지 모릅니다. 그러나 지금 우리는 알아낼 수도 없고 볼 수도 없습니다.

우리 문명의 단계는 석유화학에서 동력을 찾아 쓰는 낮은 차원에서 다른 대체 에너지를 개발하고 있는 반 단계 발전한 시기입니다. 그들은 우주공간에 퍼져 있는 빛으로 에너지를 사용하여 고도의 문명을 만들어 낼 것입니다. 깨끗하게 진화한 그들은 많은 능력들이 업그레이드된 종족일 것입니다.

색즉시공 공즉시색에서 색은 빛으로도 해석할 수 있습니다. 빛이 곧 공이 될 수 있는 것입니다. 빛은 아무것도 없는 텅 빈 공간을 지나갑니다. 빛의 속도는 일정해서 항상 광속으로 달리기 때문에 나이를 먹지 않습니다. 빛은 우리를 싣고 순간적으로 이동을 할 수 있습니다. 이동할 수 있는 연결점은 번뇌가 없는 생각(念)입니다. 생각은 빛을 타고 염력으로 변합니다. 우리가 원하는 곳으로 이동을 합니다.


수상행식도 또한 이와 같다는 것은 색불이공 공불이색 색즉시공 공즉시색과 같은 내용입니다. 수불이공 공불이수 수즉시공 공즉시수, 상불이공 공불이상 상즉시공 공즉시상…을 줄여서 역부여시로 표현한 것입니다.

또 이렇게 대입시킬 수도 있습니다. 번뇌 즉 보리요, 무(無) 즉 유(有)이다.

생각·느낌·의식의 실체가 본래 텅 비어 있기 때문에 고통에서 벗어난 것입니다. 텅 빈 실체를 받아들이는 반야의 삶에서 행복과 인격의 성장을 이룰 수 있습니다. 반야를 알고 깨우치는 과정에서 인생과 우주를 깊게 생각하고 바라볼 수 있습니다.

# 제3장
# 공의 세계 우주의 세계

# 참된 공의 모습

사리자 시제법공상 불생불멸 불구부정 부증불감
舍利子 是諸法空相 不生不滅 不垢不淨 不增不減
사리자여! 이 모든 법의 공한 모양은
나지도 않고 멸하지도 않으며
더럽지도 않고 깨끗하지도 않으며
늘지도 않고 줄어들지도 않느니라.


앞의 부분은 사리자에게 공의 성품을 말하였고 이곳에서는 공의
참된 모습을 밝히는 대목입니다.

공과 반야와 바라밀은 이름은 다르지만 한 몸이어서 서로가 서로
를 이어주는 긴밀한 관계에 있습니다. 육체도 각자의 위치가 있고
사용하는 용도가 다르듯이 이 세 단어는 고유의 영역이 있는 것입
니다.

공을 이해할 수 있는 힘이 반야이고, 반야는 공의 스케일을 깨닫게 하며, 바라밀은 공과 반야의 내공을 이용하는 주체자입니다. 백열등에 비유를 하면 백열등 자체는 하드웨어에 해당하는 공이고, 백열등에 불이 켜져 있는 상태는 소프트웨어의 반야이며, 바라밀은 백열등의 밝기로서 밝기를 조절하는 아이템에 속합니다. 즉, 공은 육체이고, 반야는 육체의 갖가지 모양이며, 바라밀은 그 육체의 활용입니다.

공은 텅 비어 있습니다. 텅 빈 부분을 말로 설명한다는 것은 이치에 맞지 않아 보입니다. 그러나 공은 반야심경에서 중요한 위치를 차지하는 부분입니다. 여기서 짚고 넘어갈 것은 공사상은 중요하지만 반야심경의 핵심사상이 아니라는 것입니다. 반야심경은 공을 설한 경전이 아닙니다. 반야심경의 핵심사상은 공이 아니라 공을 통한 공속의 무한한 보배궁전을 설한 반야바라밀의 경전입니다. 우리는 이 사실을 알아야 합니다. 반야바라밀을 알게 하기 위해 공의법문을 들은 것이지 공자체가 핵심일 수는 없습니다.

반야심경은 공을 바탕으로 두고 진공묘유에 의지하여 고난과 고통을 제도하고 아름답고 묘한 부처님의 세계로 이끄는 가르침입니다.

공은 무대일 뿐입니다. 모든 상황을 한 눈에 알아볼 수 있는 무대가 중요하지 않다는 것이 아닙니다. 공은 무대의 주인공을 받아들이는 일입니다. 각자 인생연극을 만들어 내는 주인공, 우리는 한시라도 공과 떨어져 살 수 없습니다. 개개인은 반야입니다. 우리가 올바른 주인공역할을 하게끔 도와주는 것, 이것이 진짜 공인 진공이요, 주인공 역할로 숙성된 상황들이 바라밀인 묘유입니다. 공을 제대로 알아야 만유(萬有)를 알 수 있습니다.

공은 자비의 세계입니다. 『열반경』에 이르되 허공이 능히 만물을 함용(含容)하고 있지만 허공은 내가 이렇게 한다고 생각하거나 말하지 않는다고 하였습니다. 그렇습니다. 공은 나보다 남을 위해 펼쳐진 세계입니다. 나보다 남을 받들어주고 키워주는 자비의 열정입니다. 그래서 공은 불보살의 마음이라 할 수 있습니다.

공의 참된 의미를 알고자 하면 진공묘유를 알아야 합니다. 진공묘유는 참된 공에는 묘한 것이 있다는 뜻으로 해석을 합니다. 텅 비어서 아무것도 없는 것이 아니라 아름다운 생명이 살아 숨쉬고 있는 것이 진공묘유입니다. 어느 곳에서 바라보느냐에 따라 이름과 모습이 달라집니다. 공을 한 꺼풀 벗겨내면 붓다도 있고, 하느님도 있고, 알라신도 있고, 반야도 있고, 아직까지 밝혀지지 않은 신비한 에너지도 있는 것입니다. 근원은 같지만 어떤 마음가짐으로 바라보느냐에 따라 이름과 모양이 다를 뿐입니다.

차원 높은 공이 진공묘유입니다. 진공은 아무것도 없는 것이 아닙니다. 현실성과 묘한 것들이 살아 숨쉬는 아름다운 광경이 펼쳐 있지만 지혜안의 부족으로 텅 빈 공간으로 보이는 것입니다. 완성된 지혜안으로 공간을 바라보면 아름답게 살아 숨쉬는 반야바라밀의 현상이 보이는 것입니다.

세상을 공의 관점으로 바라보고 한걸음 더 나아가 반야바라밀(진
공묘유)에 의지해야 깨달음을 완성시킬 수 있습니다.


일본에 첫 노벨상을 안겨준 사람은 유카와 히데키 박사입니다.
1934년 원자핵의 양자와 중성자를 연결하는 고리, 즉 중간자가 있다
는 것을 처음으로 밝힌 분입니다. 서양 사람들도 처음에는 반신반의
했는데, 그로부터 15년 뒤에 결국 그 이론이 증명되어 노벨물리학상
을 수상하게 되었답니다.

아인슈타인 박사와 친분이 있던 히데키 박사가 노벨상을 타자 아
인슈타인은 얼른 그를 미국으로 초청하여 몇 달을 같이 보냈는데,
이때 아인슈타인에게 불법을 전해주어서 결국 불교에 귀의하게 했
다고 합니다.

히데키는 아인슈타인에게 흥미를 느낄 만한 얘기를 먼저 꺼냈다
고 합니다.

"박사께서 상대성이론을 연구하여 그 이론을 통해 뉴턴 물리학에
서 벗어나 현대과학을 급속도로 발전시킨 위대한 분이신데, 알고 보
면 그 상대성이론은 동양에서 이미 2,500년 전부터 전해져 오던 이
론입니다."

아인슈타인은 깜짝 놀라며 "그게 사실이요? 대체 어떤 학문입니
까?" 하고 반문하였고 히데키는 불교의 연기법과 상대성이론에 대해
구체적으로 설명을 하기 시작했습니다.

"석가모니 부처님이 설파한 불교의 초기 가르침이자 기본 가르침에는 연기법이 있는데, 이 연기법이 박사님께서 세우신 상대성이론과 완전히 똑같습니다. 우주에서 생멸되는 모든 존재는 우주 총체적 상대성 원리에 의하여 이것에 의하여 저것이 있게 되고, 저것에 의하여 이것이 있게 되며, 상대가 멸하면 그 상대도 멸한다는 이론이 연기법으로 자세히 밝혀져 있습니다."

아인슈타인은 충격적인 이야기에 너무 놀라 히데키에게 "일본에 돌아가거든 말씀하신 그 내용과 관련한 불교자료를 꼭 보내주시오." 라고 당부하였고 히데키는 그 약속을 지켜 불교의 주요 경전들을 영어로 번역하여 보냈다고 합니다.

자료를 읽은 아인슈타인은 석가모니 부처님의 가르침을 높이 찬양하며 불교에 귀의했고, 히데키가 선물로 준 염주를 수호신처럼 여기며 평생 몸에 지니고 다녔다고 합니다.

자신의 제자나 동료들에게 "학계에서는 나를 과학의 아버지라 하지만, 과학의 진짜 아버지는 석가모니 부처님입니다."라고 불교를 말했습니다.

훗날 아인슈타인은 이런 말을 남겼다고 합니다.

"내가 아는 한 진짜 허공을 본 사람은 석가모니 부처님 밖에 없다."

진공 안에 아름다운 생명이 살아 숨쉬고 있다고 해서 그것에 집착을 해서는 안 됩니다. 공 속에 빛 등 묘한 것이 있다는 것은 반야바라밀을 정확히 설명하기 위해서입니다. 그러나 공 속에 무엇이 있다고 생각한다면 도리어 삿된 공에 빠져 버릴 수 있는 것입니다. 단지 무심인 직관으로 공을 관찰할 뿐 거기에 있다 없다는 생각을 두어선 안 됩니다. 참으로 어려운 것이 공의 도리이지만 진리를 찾고자 하는 꾸준한 마음에 공은 이해하고 체험될 수 있는 것입니다.

진공의 작용이 묘유이지만 묘유를 말하는 것은 어려운 문제입니다. 그러나 우주물리학의 발전으로 진공과 묘유의 현실점이 새롭게 밝혀지고 있는 것입니다.

천문학자들이 암흑물질(dark matter)이라 부르는 이물질은 방대한 공간에 걸쳐 별에 흡수되지 않고 별개로 존재하고 있으며, 따라서 자체적으로 빛을 발하지 않는다고 합니다. 이것은 검은 옷을 입은 사람이 검은 배경이 드리워진 무대에서 눈에 잘 띄지 않는 것과 같은 이치입니다.

암흑물질의 정체와 성분은 지금까지 알려진 것은 거의 없습니다. 일부 천문학자들은 희귀한 입자나 블랙홀을 동원하여 그 정체를 설명하고 있지만, 암흑물질의 구성성분은 아직도 현대 천문학의 가장 큰 수수께끼로 남아있다고 합니다. 우주는 우리 눈에 보이는 은하들이 전체의 5%를 차지하고 암흑물질이 25%를 채웠으므로 아직도 70%를 더 발견해야 하는 커다란 문제를 안고 있습니다.

진공에너지와 암흑물질, 그리고 고차원의 빛들이 바로 진공묘유입니다. 붓다는 2,500년 전에 마음에서 열린 반야의 눈으로 우주의 질서와 우주에 숨어있는 현상들을 바로 보았지만 우리들이 놀라워하고 두려워하기에 실상을 일단 뒤로 하고 인간의 심리와 정신감정, 그리고 도덕에 중점을 두었던 것입니다.

우리들이 성숙해지자 반야경을 통하여 진공의 진실을 알려주었고, 법화경과 화엄경을 통하여 묘유를 드러내신 것입니다. 그러니까 진공묘유가 진실한 붓다의 마음인 것입니다.

묘유(묘한 것이 있다)는 망상에 의한 선악의 경계가 아닙니다. 번뇌 망상이 사라진 진여실상(眞如實相)을 이르는 말입니다. 진공에너지와 암흑물질, 그리고 고차원의 빛들이 바로 진공묘유입니다. 진공묘유를 깨달은 사람이 이 세상을 이끌고 진정한 지도자가 될 것입니다. 진공묘유는 반야바라밀입니다. 반야바라밀은 한없는 우주에 스며들어 있습니다. 광활한 우주는 마음에 녹아들어 각각의 우주들이 저마다 신비롭게 장엄된 세상을 위해 쉼 없이 정진을 거듭하고 있습니다.

시제법공상이란, 모든 존재에는 실체가 없다는 것을 말합니다. 여기서 존재는 진리의 이론보다 형상을 가진 것으로 생각해야 합니다. 동물·식물·광물·무생물 등이 그것입니다.

형상이 있는 모든 존재의 공한모습이 여섯 가지로 나타납니다. 불생하고 불멸하며, 불구하고 부정하며, 그리고 부증하고 불감하다는 것입니다. 일체법의 존재한 모양은 공하기 때문에 나지 않고 멸하지도 않으며, 더럽지 않고, 깨끗하지도 않으며, 늘지도 않고 줄지도 않는다는 것입니다.

불생불멸은 불교의 고유 단어입니다. 깨달음의 경지를 말할 때도 불생불멸을 말하고, 해탈의 경지를 말할 때도 쓰입니다. 또 불생불멸의 안에는 생멸(生滅)의 이치도 들어있는 것입니다. 왜냐하면 공안에는 상대적 대칭이 존재하기 때문입니다. 둘이 없기에(不二) 모든 것을 하나로 보는 것입니다. 손바닥과 손등이 하나이듯 그 본질은 하나라는 중도(中道)로서 생각하고 바라보는 것입니다.

우주를 발전시키는 공로자는 시간과공간의 역할이 가장 큽니다. 아인슈타인의 일반상대성이론에 의하면 시공간은 견고하게 고정되어 있지 않으며 주어진 조건에 따라 고무처럼 휘어질 수 있다고 합니다. 이 시공간에 의해 우주가 팽창하였고, 우주 어디를 둘러보아도 먼 곳과 가까운 곳의 환경이 다르지 않은 것은 공간 자체가 팽창하고 있다는 것입니다. 현대의 과학자들은 우주공간 자체가 팽창하고 있다는 주장에 거의 동의를 하고 있습니다.

우주의 역사를 간단히 말한다면 팽창의 역사라고 할 수 있습니다. 우주의 비밀을 밝힐 수 있는 또 하나의 열쇠가 팽창에 있습니다.

우주의 시작은 빅뱅(Big Bang. 큰 폭발)에 의해서입니다. 큰 폭발은 깨달음에 비유할 수 있습니다. 큰 깨달음에 이르렀을 때에 의식이 뚝 하고 끊어지고 딱 하고 터지는 현상이 일어납니다. 큰 깨달음에 새로운 세계가 펼쳐집니다. 그렇기 때문에 빅뱅은 우주의 시작이자 진화의 출발점이라 볼 수 있습니다. 그 당시 우주공간은 지금처럼 무한대로 컸고, 빅뱅은 한곳에서 일어난 것이 아니라 여러 곳에서 빅뱅이 일어난 것입니다. 빅뱅이 일어난 그 순간에 우리가 알지 못하는 암흑에너지와 암흑물질의 비밀스러운 힘에 의해서 팽창을 하게 되고 거대한 우주에 많은 은하들과 아름다운 별을 만들고, 다양한 원소와 생명의 불기운을 넣어 준 것입니다.

팽창은 의식의 변화라고 할 수 있습니다. 의식의 변화에서 진화를 가질 수 있습니다. 거대한 의식의 변화를 가져온 우주는 지금도 미래에도 자신을 안전하게 생존시키기 위해 변화를 해나가는 것입니다.

그렇다고 해서 우주공간 자체가 팽창하는 것은 아닙니다. 공간 자체는 나거나 없어지지도 않으며, 더러움과 깨끗함도 없고, 늘어나고 줄어듦이 없는 것입니다. 팽창을 한다고 해서 우주공간이 넓어지는 것이 아니라 우주 안의 물질 간의 거리가 멀어지는 것입니다. 구슬치기에 비유하자면 운동장은 우주 공간 자체이고, 구슬이 맞부딪혀져 서로의 거리가 멀어지는 것이 팽창입니다.

우주공간은 정말 거대합니다. 밤하늘에 반짝이는 별을 보는 것은 이 순간의 모습이 아니라 수백만 년, 혹은 수십억 년 전의 모습입니다. 가마득한 옛날에 방출된 빛이 이제야 우리들의 눈에 들어오는 것입니다. 팽창에 의해별과 별사이는 점점 멀어져 어느 순간 지금 우리들의 눈에 보이는 은하수는 시야에서 사라질 수 있습니다.

'벗기면 벗길수록, 알면 알수록 더욱 어렵고 신비스러운 우주와 나 그리고 불교는 지금 왜 이 자리에 있는 것일까요.'

그것은 끊임없는 진화를 통해 모두가 하나라는 중도의 입장에서 바라볼 수 있을 때까지 우리는 다시 나고 태어나며(生滅), 더러워지기도 하고 깨끗해지며(垢淨), 중생들이 늘어나고 다시 줄어들어(增減) 우주구성원 모두가 붓다가 되는 그날까지 흥망성쇠(興亡盛衰)를 반복하며 자신의 길을 걸어갈 것입니다.

우리들은 모두 붓다가 되는 길로 걸어가고 있습니다. 너와 나, 그리고 우주의 질서를 위해 만들어가는 궁극적 원천은 바로 빅뱅, 그리고 깨달음 그자체입니다.

# 마음과 우주


시고 공중무색 무수상행식
是故 空中無色 無受想行識
이러한 고로 공에는 색이 없으며
수·상·행·식도 없다.


앞의 오온개공을 한 번 더 강조한 것입니다.

우리들의 힘들고 어려운 생활들, 그리고 앞만 보고 달려야 하는 현대인들의 경쟁 속에서 지치고 병든 나의 정신과 인격들, 도무지 어디에 기댈지 모르는 안식처 없이 급속도로 변화하는 사회, 더욱 어려워진 나의 경제 상황들 이런 고민스러운 인생의 해결방법이 여기에 있습니다.

그것은 먼저 텅 빈 지혜안으로 세상을 바라보고 살아있는 공의 힘으로 자신을 감싸는 것입니다. 나에게 닥친 혼란스러운 문제점을 고난과 고통으로 생각하지 말고, 도망가는 것을 최후의 판단으로 실천하지 말고, 힘들다고 성숙되지 않은 인격으로 남을 괴롭히지 말아야 합니다.

나의 몸과 마음이 본래 공하고, 나쁘게 벌어진 현실의 일들은 태양이 뜨면 이슬이 사라지는 것과 같은 이치라고 자꾸 생각되어져야 합니다. 실질적인 공의 이해와 체험이 안 된다면 공을 받아들이는 생각의 힘을 길러야 합니다. 생각의 힘은 나를 만들어가는 원동력이 될 것입니다.

마음은 육체와 정신의 조합입니다. 그러나 마음은 본래 텅 비어 있어서 인연이 도래할 때 육체와 정신으로 나누어집니다. 육체만 있으면 죽은 목숨이요, 정신만 있으면 귀신이라고 합니다. 사람은 육체와 정신이 갖추어져야 하나의 완성된 생명체가 만들어지는 것입니다. 육체와 정신을 컨트롤할 수 있는 것이 마음입니다. 마음에는 물질과 정신이 모여진 것으로 만물의 근본이라 할 수 있습니다.

자신의 마음을 자각하고 통제할 때 텅 빈 공의 모습이 드러나는 것입니다. 오온개공을 체험하려면 신심 있는 수행을 해야 합니다. 수행을 통한 개공(皆空, 모두 공함)이 인생의 정상을 향해 가는 길입니다.

색·수·상·행·식의 실체는 텅 빈 것입니다. 색·수·상·행·식에 집착하는 마음을 두어서는 안 됩니다. 모든 것을 지혜의 눈으로 바라보려고 해야 합니다. 나에게 다가온 고난과 고통의 현실에 집착하지 않으면 머지않아 그들은 사려져 버리고 나에게 또 다른 힘을 안겨 줄 것입니다.

우리들은 착각 속에서 살아갑니다. 길에 버려진 끈이나 나뭇가지를 때론 뱀이라고 생각하며 놀라고 무서워합니다. 그것들은 끈이나 나무일 뿐입니다. 그들이 속인 것이 아니라 내가 그들에게 속은 것입니다. 상대방과 대인관계에서도 항상 자신의 편에 서서 생각을 하며 이끌어가려고 합니다. 나의 마음에 들지 않는다고 미워하고 배신하며 때론 상대방을 괴롭게 만듭니다. 이것은 스스로 자신에게 속은 것입니다.

나라고 하는 강한 집착의 현실에서 벗어나야 합니다. 색·수·상·행·식의 실체는 텅 비어 있다는 현실을 끌어들여야 합니다. 그때서야 인생의 모든 어려운 문제점들이 풀리고 세상은 바른 곳으로 향해 나갈 것입니다.


인터넷에서 정성껏 불교포교에 매진하시는 참관음 불자님의 수행 체험을 신도록 하겠습니다.


"나를 크게 두 번 죽어야 된다."는 말씀이 있습니다.
첫 번째로 '나'라는 아상(我相)이 한 번 크게 죽어야 되는 일입니다.

나를 온전히 크게 놓았을 때,

너와 내가 둘이 아닌 하나이고,
나와 우주가 하나이며,
부처와 내가 둘아 아님을 아는 일입니다.
일심(一心)이 되는 일입니다.

관음 염불하는 염불행자입니다. 보통 잠자기 전 좌선자세로 염불
과 참선하며, 하단전에 의식을 두고 집중적으로 염불을 합니다. 잘
될 때도 있고, 잘 안 될 때도 있습니다. 집중적으로 하면 마음이 고
요하고 편안해지며, 호흡도 끊어지고 염불 외에는 아무런 잡념이 생
기지 않습니다.
　어느 날 염불삼매에 깊이 들어가니 분명 의식은 있건만, 염불하는
이는 없어지고, 나도 없고 너도 없음을 느낍니다. 너와 내가 둘이 아
닌 하나임을 확연히 느낍니다.
　세상이 온통 너와 내가 같음을 몸과 마음으로 느끼니 커다란 환희
심으로 살아갑니다.
　나무들도 그냥 나무가 아닌 나임을 느끼고 길가의 풀 한포기 역
시 나와 같음을 느끼니 행복합니다. 나무를 보고 마음을 보내니 나
에게 파동으로 대답하고 곤충 역시 파동으로 대답합니다. 일체의
것들이 마음 맞추기만 하면 상대마음이 파동으로 전해져 오는 경
험을 합니다.
　만나는 이마다 기쁨이며, 이 세상 모두 사랑이 가득 차 있으니

내가 아닌 것이 없는 까닭입니다. 온 세상이 행복이며 극락이니 무엇이든 바라는 바가 없습니다. 사랑으로 품어주는 보살이 된 것처럼 마음그릇이 점점 커지는 경험을 합니다. 너무나 행복해 얼굴에 웃음이 떠나가지 않고 만나는 이 마다 모든 것을 다 퍼줘도 좋습니다. 이때에 활짝 열린 마음으로 세상 모든 것을 바라보는 눈이 되었지요.

이러한 마음이 5개월간 지속되었습니다.


두 번째 한 번 더 '나'라는 아상(我相)이 크게 죽어야 됩니다.

너와 내가 하나임 알고,

너와 내가 부처이고,

우주와 내가 하나임을 아는

그것까지 놓아야 되는 일입니다.

무심(無心)이 되는 것입니다.


그 후 삼년이 지나 인연 있는 법우와 무시무종(無始無終), 본래무일물(本來無一物), 무생법인(無生法印) 탁마하고 잠자리에 누워도 그 말씀들이 머릿속에 계속 맴돕니다. 다시 일어나 좌선하고 시작도 끝도 없는 자리, 무시무종(無始無終)을 붙잡고 밤을 새고 있었습니다.

어느 순간 블랙홀에 빨려 들어가듯이 아주 깊이깊이 삼매에 들어가는 경험을 합니다. 말로 표현하고 설명할 수 없을 정도입니다. 너무나 경이로운 경험입니다. 황홀하고 기뻐서 잠이 오지 않았습니다.

오롯이 날을 새고 출근 하는 날, 세상을 바라보는 눈에는 예전의 건물과 하늘이 아닙니다. 실상(實相)의 눈으로 바라보는 세상은 그대로 아름답습니다. 집 앞에 서 있는 건물도 아름답고, 하늘은 표현할 수 없을 정도로 아름답고 새로우며 경이로워 보입니다. 진실 그대로의 모습으로 모두 아름다운 실상(實相)인 것입니다. 다음날도 이틀째 환희심으로 밤을 새며 참선합니다.

진공묘유(眞空妙有)의·세상이 우리 눈앞에 펼쳐져 있습니다. 아름다운 세상에 우리는 살고 있지요. 풀 한 포기, 은행잎 하나, 꽃 한 송이 이렇게 아름다울 수가 없습니다. 모두 진여(眞如)이며, 참된 모습으로 보이고 있습니다. 색이되 그대로 공(空)의 모습으로, 즉공(卽空)입니다. 부처님 세상, 진여(眞如)의 세상 그대로 눈앞에 보여줍니다.

정말 아름답지요. 부처님 만나 은혜를 크게 입었습니다. 눈물이 나고, 마음 절절히 고마운 부처님입니다. 감사함을 말로 표현 못합니다. 이러한 행복 나누고 싶고 알리고 싶지요.

부처님 은혜 갚고자 부처님 말씀 전법하고자 하는 마음입니다.


무안이비설신의 무색성향미촉법
無眼耳鼻舌身意 無色聲香味觸法
안·이·비·설·신·의도 없고

색 · 성 · 향 · 미 · 촉 · 법도 없으며


안 · 이 · 비 · 설 · 신 · 의 · 색 · 성 · 향 · 미 · 촉 · 법은 불교의 근본교리입니다. 안 · 이 · 비 · 설 · 신 · 의는 육근(六根)이라 하고 색 · 성 · 향 · 미 · 촉 · 법은 육경(六境)이라 합니다. 육근은 여섯 가지 감각의 인식기관이라 할 수 있습니다. 인식을 식별할 수 있는 주관적 능력을 말하는 것으로 눈 · 귀 · 코 · 혀 · 몸 · 생각입니다. 육경은 육근의 여섯 가지 객관적인 대상입니다. 육체의 육근이 생각하는 작용의 대상이 육경입니다. 물질 · 소리 · 향기 · 맛 · 접촉 · 법을 말합니다.

육근과 육경은 서로가 서로를 연결시키는 유대관계를 가지고 있습니다. 육근으로 마음을 통해 대상을 바라보는 것이 육경입니다. 육근이 있기 때문에 육경이 있고, 육경으로 인해서 육근이 포괄적으로 활동을 하는 것입니다. 눈의 대상인 물질, 귀의 대상인 소리, 코의 대상인 향기, 혀의 대상인 맛을, 몸의 대상인 접촉을, 생각의 대상인 모든 법을 느끼고 깨닫게 되는 것입니다. 또한 육경인 물질 · 소리 · 향기 · 맛 · 접촉 · 법은 육근이 작용을 하여야 이루어지는 것입니다.

육근과 육경을 합쳐 십이처(十二處)라고 합니다. 우리가 살아있다고 하는 것은 육근과 육경이 하나로 합쳐져 인식작용을 하는 것입니다. 눈으로는 물질의 색깔과 모양을 보고 분별하여 마음에 담아두고,

귀로는 소리를 감지하여 대상을 인식하며, 코로는 냄새를 맡아서 주위를 파악하고, 혀로는 맛을 느껴서 좋고 나쁨을 판단하고, 몸으로 접촉하여 살아있음을 확인하고, 의식을 통해서 모든 상황들을 판단하고 분별하는 것입니다.

그러나 육근과 육경이 서로 어긋나면 인식을 하지 못합니다. 눈으로는 물질의 색깔과 모양을 보지 못하고, 귀로는 소리를 듣지 못하며, 코로는 냄새를 맡지 못하고, 혀로는 맛을 느끼지 못하고, 몸으로는 접촉할 수 없으며, 의식을 통해서 모든 상황들을 판단하고 분별하지 못하는 것입니다. 육근과 육경은 오온개공을 세밀하게 나누어 설명한 것입니다. 몸과 정신을 조금 더 구체적으로 서로를 연결시키고 없다고 강하게 부정을 한 것입니다. 강한 부정을 통하여 반야를 드러낸 것입니다.

공과 무는 같은 차원의 다른 이름입니다. 공은 요가가 발전한 인도에서 사용된 동(動)적인 단어입니다. 반면 무는 선이 꽃피운 중국에서 정(精)적인 단어로 쓰이고 있습니다.

사람이 목숨을 유지한다는 것은 이 십이처를 활용하여 살아가는 것을 의미합니다. 사람들에게 없어서는 안 될 중요한 작용인 십이처를 『반야심경』에서는 없다고 법문을 합니다. 왜냐하면 반야바라밀의 완성자의 눈에는 존재의 실상과 인식작용들이 텅 비어서 없기 때문입니다.

육근과 육경이 텅 비어 없다는 것은 무아(無我. atman)의 인공(人空)

을 주장하는 부분입니다. 무아와 인공은 실체적인 나(我)가 존재하지 않는다는 것입니다. 이것은 뒤에 나오는 법공(法空)과 함께 반야경의 주된 사상입니다.

그러나 무아와 공의 이면에는 있음과 없음의 상대적 관념을 떠난 중도의 뜻이 들어있는 것입니다.

용수보살이 저술한 『중론』에서는 중도를 설명한 게송이 나옵니다.

因緣所生法 인연소생법
我說卽是空 아설즉시공
亦爲是假名 역위시가명
亦是中道義 역시중도의
인연으로 생긴 법
나는 이것을 공이라고 설한다.
이것 또한 가명이며
이것이 중도의 뜻이다.

모든 법이 인연으로 생기는 것을 공이라 하고, 이것을 공이라 이름 붙였지만 공 또한 거짓 이름이며, 인연과 공이 하나가 될 때 중도의 뜻이라고 강조합니다. 그렇습니다. 공만 주장하며, 없다는 것만 주장을 하게 되면 중도가 되지 않고 죽은 공에 지나지 않습니다. 공에서 다시 살아 나와야 참된 공이 되는 것입니다.

어디 의지할 수 없는 꼭짓점인 백척간두(百尺竿頭)에서 한 발짝 내디딘 것이 인연이요, 몸과 마음을 허공에 두는 일이 공을 알게 되는 것입니다. 이 허공에서 두 손을 놓고 다시 살아 나와야 진공인 묘유의 법을 쓰는 것입니다. 공에서 살아 나와야지 아무런 걸림 없이 자유스럽고, 너무 깨끗하여 더러움에 물들지 않는 중도의 묘한 법을 쓰는 것입니다. 마음에서 숭고한 연꽃이 피어나는 것입니다.

고목송이라는 유명한 화두가 있습니다. 어느 한 노파가 훌륭한 스님을 잘 시봉했습니다. 암자도 지어주고 평생 잘 모셨습니다.

그런데 하루는 노 보살이 스님에게 시험을 합니다. 노 보살의 손녀에게 "스님을 찾아가서 꼭 껴안아 봐라. 스님이 무엇이라고 하는가." 하고 물어보라는 것이었습니다.

암자에 찾아간 손녀가 스님을 꼭 껴안자 스님은 말하였습니다. "고목나무에 매미가 붙어있는 것 같구나! 따뜻한 온기를 전혀 느낄 수 없다고 합니다. 손녀딸에게는 유혹을 해도 번뇌 망념에 흔들림 없는 스님으로 보였습니다.

'아! 훌륭한 스님이구나!' 하고 그 길로 암자에서 내려가 할머니께 사실대로 일어났던 일을 말합니다. 그러자 노 보살은 화가 나서 그 암자를 불태워 버렸다고 합니다.

왜 노 보살은 암자를 불태워 버렸겠습니까? 스님은 번뇌 망상이 사라진 무심(無心)의 경지에 이른 것입니다. 무심의 경지도 높은 경

110

지입니다. 그렇지만 무심은 목석과 같은 성질이 있습니다. 죽어 있는 마음은 자재무애한 힘이 부족합니다.

고인이 말씀하셨습니다. 무심을 도라 이르지 마라. 무심은 오히려 한 무거운 빗장이 가로막혀 있네. 여기서 다시 문득 소리나 빛을 만나 합착하여 한바탕 크게 웃음치고 몸을 뒤쳐 돌아와야 비로소 회주의 소가 여물을 먹고, 익주의 말이 배부르다 하게 되는 것이다.

무심에서 뒤집고 나와 활연자재하게 밝은 곳으로 나와야 합니다. 그래서 일상이 평안하고 한가로우며 살아있는 법으로 모든 이를 교화할 수 있는 것입니다.


무안계 내지 무의식계
無眼界 乃至 無意識界
눈의 세계도 없으며 내지 의식의 세계도 없다.


십팔계(十八界)를 비우는 대목입니다. 십팔계는 앞의 육근과 육경을 합한 십이처와 육식(六識)을 더한 것으로 육식은 육근과 육경의 사이에서 도출되는 다른 인식작용의 체계를 말합니다. 눈으로는 색을 인식하는데 보는 작용을 안식계(眼識界)라 하고, 귀로는 소리를 인식하며 듣는 작용을 이식계(耳識界)라 하며, 코로는 냄새를 인식하여 향기를 맡는 의식작용을 비식계(鼻識界)라 하고, 혀로는 맛을 알아 식별하는 작용을 설식계(舌識界)라 하며, 몸으로는 접촉을 통하여 느껴지는 인식을 신식계(身識界)라 하고, 생각으로 지각하며 느끼는 인식을 의식계(意識界)라고 합니다.

본문에서 무안계 내지 무의식계의 내지라는 것은 십팔계를 줄인 부분입니다. 보통 중략이란 뜻입니다. 그러니까 내지 안에는 무안계와 무의식계를 뺀 열여섯 가지 의식계가 들어있는 것입니다.

수행을 하여 청정해진다는 것은 마음이 맑고 밝음을 얻고 육근(안·이·비·설·신·의)이 맑아지는 힘을 받아 깨끗해지고, 육경(색·성·향·미·촉·법)이 밝아지는 힘을 입어 환해지며, 육식(견·문·후·미·촉·지)이 육근과 육경의 힘에 의해 맑고 밝은 식별로 어리석음에서 벗어나는 일입니다.

육근·육경·육식을 삼과(三科)라고 하며, 삼과가 동시에 존재하는 것을 마음작용이라고 합니다. 육식은 조금 더 깊은 곳으로 들어가는 부분이라고 할 수 있습니다.

마음은 표층적인 겉마음과 심층적인 속마음으로 분류할 수 있습니다. 겉마음은 일상 생활하는 중에 분별하고 판단하는 지각의 육식이라 할 수 있고, 속마음은 마음 깊숙한 곳에 있어 알기 어렵고, 볼 수 없기에 무의식의 팔식이라 부릅니다.

어떤 종교를 막론하고 표층적인 겉마음에 대하여서는 많이 다루어지지만 심층적 속마음은 불교에서 가장 깊고 넓게 다루어지고 있습니다. 속마음인 팔식이 중요한 것은 속마음에 담겨 있는 내용들이 어떤 인연에 의해 불화점이 되어 겉마음인 육식으로 표출되기 때문입니다.

팔식을 아뢰야식(阿賴耶識)이라 부르며, 또는 한 번 저장된 것은 없어지지 않는다고 해서 무멸식(無滅識)이라 부릅니다. 그래서 우리들이 보고, 듣고, 말하고, 배우며, 수행하고, 기쁜 감정, 나쁜 감정들이 씨앗이 되어 마음에 심겨져 있다가 필요조건이 충분한 상황이 되면 나타나 행동으로 옮겨지는 것입니다. 그래서 열심히 수행한다고 해서 곧바로 큰 깨달음으로 이어지는 것은 아닙니다. 그전에 자신이 알고 모르게 만들었던 나쁜 업식(業識)을 닦고 치유해야 하는 것입니다.

'새 술은 새 부대에 담자'라는 말이 있듯이 오염된 것들이 가득한 마음에는 깨달음이 자리 잡기 어려운 것이 현실입니다. 그래서 비워라, 놓으라, 멈춰라 하는 말은 자신의 마음을 바로 보게 하기 위한 최선책인 것입니다. 깨달음이란 것은 겉과 속이 둘이 아니고 마음이 깨끗하여 밝게 살아있는 것입니다.

팔식인 속마음을 찾는 방법으로 학문이나 지식으로는 들여다불 수 없는 힘든 영역입니다. 이 속마음은 마음이라 표현을 하지만 우주를 만들어낸 시발점이기 때문입니다. 오직 큰 깨달음만이 속마음을 확실히 알고 볼 수 있으며 사용할 수 있는 것입니다.

우주의 탄생은 대략 137억 년 전으로 잡고 있습니다. 우리들이 살고 있는 우주는 1,000억 개의 은하 중 하나에 불과합니다. 도저히 헤아릴 수 없는 천억이란 은하 중의 하나인 우리 은하 안의 별들도

약 천억 개라고 합니다. 이 엄청난 행성의 숫자에 우리 지구가 들어 있는 것입니다.

더욱 놀라운 일은 천억 개의 은하를 품은 우주가 하나가 아니라는 사실입니다. 모든 특성들이 천차만별인 우주들이 무수히 많이 존재하는 세계. 이것을 다중우주론(多重宇宙論)이라고 합니다. 앞으로 차원과 경계가 무의미한 세계가 조금씩 우리들에게 다가오고 있는 것입니다. 수많은 행성과 은하에 나의 이름을 붙일 날이 꼭 올 것입니다. 어머니 몸에서 탄생한 갓난아기처럼 팽창하여 새로 태어난 우주에 축하의 깃발을 꽂을 것입니다.

인간은 꿈꾸는 존재입니다. 꿈은 꾸는 대로 이루어지는 것입니다. 인류는 전혀 새로운 것을 발견하고 발명을 해왔고 앞으로 무수한 것을 이루어 낼 것입니다. 이것이 바로 진화의 물결입니다. 변화하고 진화하는 곳에 인류의 운명이 달려있습니다. 지금은 실패의 쓴맛을 보지만 어느 곳에서는 성공해서 성장해가는 모습을 볼 수 있는 것입니다.

다중 우주론은 우주가 여러 가지 일어나는 일들과 조건에 의해 여러 갈래로 나눠지며, 각기 다른 우주에 서로 다른 일들이 일어나지만 사람들이 알지 못하는 곳에서 동시에 진행되고 있다는 이론입니다.

다중우주론은 아직 확실히 밝혀지지 않아서 부정적인 견해도 갖고 있습니다. 하지만 부처님 법문에는 서로의 영역이 함께 존재하면서 서로가 서로의 영역을 방해하지 않고 파괴하지 않으며 서로 공존한다는 우주의 실체를 말씀하셨습니다.

우주법계의 모든 세계는 평등합니다. 인간의 육체적 눈과 정신적 영역에 한계가 있어서 알고 느끼지 못할 뿐 차원이 다른 세계는 분명히 존재하고 있으며, 지금도 끊임없이 자신들의 영역을 만들어 가고 있습니다.

지구만 하더라도 수많은 생명체가 존재하지만 낮은 곳의 생물들은 인간들을 감지하지 못하고 있으며, 빛에도 우리 눈에 보이는 적외선 이상의 고차원의 현상들을 일으키는 빛이 존재하고 있다는 것은 사실입니다. 열반 속의 불보살은 전혀 다른 차원의 빛을 내뿜으며 우주의 질서를 방해하지 않는 무음의 소리를 내보내고 있는 것입니다.

전혀 다른 세계의 천차만별의 특성을 가진 다중 우주는 지금도 빅뱅으로 진화를 거듭하며 발전을 하고, 팽창을 진행시켜 분신인 아기 우주의 탄생으로 자신의 영역을 만들어 나가고 있습니다. 이런 다중 우주를 깊은 속마음의 집중으로 생각하고 내다볼 수 있는 것입니다.


무무명 역무무명진 내지 무노사 역무노사진

無無明 亦無無明盡 乃至 無老死 亦無老死盡

무명도 없고 또한 무명이 다함도 없으며

내지 늙고 죽음도 없고 또한 늙고 죽음이 다함도 없다.


불교에서는 해석하지 않고 쓰는 단어들이 있습니다. 그중에서 무명(無明)은 단어 자체를 해석하지 않고 쓰는 불교의 고유명사입니다. 무명은 십이연기의 첫 단락에 나오는 아주 중요한 내용입니다.

대부분 첫 단락에 나오는 내용은 말하려고 하는 요점의 핵심이라 할 수 있고, 문제를 푸는 열쇠요, 많은 비중을 차지한다고 말할 수 있습니다.

육바라밀을 보건대 첫째 바라밀인 보시 바라밀도 쉬운 것 같지만 말처럼 쉽게 되는 것도 아니면서, 보살의 가장 기초적 실천을 이끌고, 근원적인 법문을 말씀하신 것이 보시바라밀입니다. 그러니까, 보시바라밀을 제대로 할 줄 안다면 다른 부분들은 어부지리 식으로, 땅콩을 뽑으면 뿌리에 땅콩들이 주렁주렁 달리듯 많은 이익을 가져다주는 것입니다.

이 세상에서 과학적 교리를 뛰어넘는 말씀이 바로 연기법(緣起法)입니다. 부처님은 이 연기법을 깨닫고 중생을 위해 자세히 남기신 핵심 말씀이 연기입니다. 연기법이야말로 나와 너를 잇고, 우리들을 화합하게 만들며, 지구촌이라는 네트워크를 구성하는 역할에 손색이 없는 내용입니다. 나아가 우주를 하나로 통합할 수 있는 연결고리가 연기법입니다.

불교는 어렵고 따분한 내용도 많지만 이 연기법(緣起法)과 공(空)을 알 수 있다면 불법을 체득하는 것도 옹기 안의 자라 바라보듯 멀지 않아 심오한 법을 자기 것으로 만들 수 있는 것입니다.

연기법은 모든 것은 나 홀로 존재하고 사라지는 것은 없다는 뜻입니다. 우리들 몸만 하더라도 세포의 수가 60조이며, 뼈들도 206개, 각종 장기, 피부, 살, 각종 액체, 그리고 정신 등 나를 들여다보게 되면 세포와 핏줄, 살과 뼈, 뇌와 정신이 서로 연결되어 있는 것입니다.

이 세상에 나 홀로 살아가고 있다면 어떻겠습니까. 삭막한 풍경들, 끝없고 깊은 외로움이 나를 이끌 것입니다. 그러나 나의 주위에 나와 연관된 사람들이 살고 그냥 스쳐가는 인연일지라도 깊게 감사하며, 자연 풍경들이 둘러쳐 있으며, 그들과 대화를 나누고 오늘에 최선을 다하며 내일을 계획할 수 있는 것입니다. 하루 일과를 사유하고 참회하는 그 속에 연기의 법은 살아 있는 것입니다.

독불장군은 없다는 말은 연기(緣起)에 의해 만들어진 것입니다.

그래서 나와 여러분들, 동물과 식물, 자연의 무생물들 우리와 관계있고 인연 지어지는 모든 것을 감사하고 사랑할 줄 알아야 하는 것입니다. 우리들은 홀로 이루어진 존재가 아닙니다. 그래서 성공을 했다고 우쭐거리며 자신 혼자 쌓아온 업적이라 자만에 빠져서는 가시밭길을 다시 걷게 됩니다. 많은 사람의 노고와 실패의 결과가 성공입니다. 많은 사람의 희생과 열정이 성공이란 반석 위에 우리를 올려놓은 것입니다.

물론 성공한 사람은 열심히 실천한 결과이지만 성공의 결과를 함께 나누고 겸손함이 이루어질 때 연기법을 올바로 실천한 것입니다.

모든 것은 인연에 의해서 생겨나고
모든 것은 인연에 의해서 사라진다.

연기(緣起)는 부처님의 깨달음과 가르침의 핵심입니다. 우리가 살고 있는 이 세상은 연기에 의해 만들어지고, 인연(因緣)의 고리에 의해 활짝 펼쳐져 있는 세계입니다.

인연이란 원인에 의해 결과가 나타나고, 그 결과가 원인이 되어서 또 다른 결과를 만들어 냅니다. 모든 물질은 인연에 의해 만들어지는 것입니다. 홀로 만들어지는 것은 없는 것이고, 신에 의해 창조된 것은 더더욱 아닌 것입니다.

우리들이 무슨 생각을 하고, 어떤 관점에서 바라보았느냐에 따라 이름과 모습이 달라질 뿐입니다. 그 근원은 바로 텅 빈 공간에 맑고 밝은 입자의 집합체입니다.

유럽입자물리연구소가 신(神)의 입자라고 불리는 힉스 입자를 발견했다고 공식 발표했습니다. 힉스 입자는 만물에 질량을 부여하는 입자입니다. 자연계를 이루는 기본 입자 12개(쿼크 6개, 렙톤 6개)와 이들 사이의 힘을 매개하는 게이지 입자 4개, 그리고 질량을 부여하는 역할을 하는 17번째 입자. 지금까지 관측할 수 없었고 태초의 순간에만 잠깐 존재했던 것으로 추정돼 신의 입자로 불려왔습니다.

우주 탄생을 설명하는 현대물리학 표준 모형에 따르면 물질은 질량이 없는 기본 입자 12개로 구성됩니다. 하지만 입자가 결합해 만들어진 물질에는 질량이 있는 모순이 생겼는데, 물리학자들은 이 모순을 '힉스' 입자로 설명하고 있습니다. 12개 입자 외에 만물에 질량을 부여하는 힉스라는 입자가 있었다는 것입니다.

힉스 입자가 물질에 질량을 부여한다고 해서 홀로 존재한다고 생각해서는 안 됩니다. 자연계의 기본입자 12개(쿼크 6개, 렙톤 6개)가 있어야 힉스도 바로 존재하기 때문입니다. 하느님이 만물을 창조했다고 하지만 그 하느님도 홀로된 모습으로 존재할 수 없는 것입니다.

중생이 있기 때문에 붓다가 있고, 마음이 있기 때문에 중생이 붓다로 명칭을 바꿀 수 있는 것입니다. 그렇기 때문에 하느님도 우주의 만물이 있기에 존재하는 것이고, 우주만물의 인연화합과 상호작용에 의해 이 세상이 건립되고 변화하며 진화해 나가는 것입니다.

지금 이 자리에 서 있게 하는 나로부터 서로가 서로를 맺어주는 연결고리인 인연을 알고 인연에 감사하는 마음을 느낄 때 연기법은 어렵고 이해하기 어려운 교리가 아니라 아름다운 조화 속에서 투영된 믿음새가 판타스틱을 외치며 우리에게 가슴 뭉클한 감동을 줄 것입니다.

82세의 노인과 52세의 아들이 거실에 마주 앉아 있었습니다.

그때 우연히 까마귀 한 마리가 마당의 나무에 날아와 앉았습니다.

늙은 아버지가 아들에게 물었습니다.

"저게 뭐냐?" 아들은 다정하게 대답하였습니다.

"까마귀에요, 아버지."

그런데 조금 후 아버지가 또 물었습니다.

"저게 뭐냐?" 아들은 다시 똑똑한 발음으로 대답했습니다.

"네~ 까·마·귀입니다. 까마귀요!"

조금 뒤 아버지는 아들에게 세 번째 물었습니다.

"애야~ 저게 뭐니?"

그러자 아들은 고개를 돌리고 늙은 아버지를 바라보면서 큰소리로 "네, 아버님, 까마귀에요! 까마귀!"

그런데도 얼마 후 아버지는 또 물었습니다.

"저게 뭐냐?" 반복되는 질문에 아들은 짜증이 났습니다.

아들은 그만 화를 내며 큰소리로 "아~ 글쎄 까마귀라니까요! 까마귀! 안 들리세요?"

조금 뒤 아버지는 방에 들어가 때가 묻고 낡은 일기장을 들고 나와 한 곳을 펴서 아들에게 읽어보라고 하였습니다. 거기엔 자신이 네 살짜리 애기였을 때의 이야기가 쓰여 있었습니다.

오늘은 까마귀 한 마리가 집 마당에 있는 나무에 날아와 앉았다.

어린 아들이 "저게 뭐야?" 하고 물었다.

나는 까마귀라고 대답하여 주었다.

그런데 아들은 연거푸 23번을 똑같이 물었다.

귀여운 아들을 안아주며 끝까지 다정하게 대답하여 주었다.

까마귀라고 똑같은 대답을 23번 하면서도 즐거웠다.

어린 아들이 새로운 것에 관심을 보이는 것에 감사했고, 그런 아들에게 사랑을 준다는게 즐거웠다.

'사랑하는 내 아들… '

아버지의 낡은 일기장에는 자기가 네 살짜리 애기였을 때의 이야기가 적혀 있었던 것입니다.


부모님의 사랑은 이해하기 어려울 때도 있습니다. 자식을 성장시키기 위한 조건 없는 가르침과 자비의 분출이 부모님의 은혜입니다. 그 당시에는 힘들고 모질어도 나를 훈육시키는 과정이라는 것을 모르고 우리는 짜증과 불만, 그리고 무관심으로 부모님을 대합니다. 그러나 부모님이 돌아가시고 나서야 깨닫게 되는 사랑의 울림들, 쓸쓸하고 공허한 마음으로 부모님을 그리워하지만 부모님은 대답이 없습니다.

사랑합니다. 고맙습니다.

십이연기는 붓다께서 깨달은 내용이십니다. 고행을 버리고 중도를 택한 고타마 수행자는 보리수 아래에서 인생의 고(苦)와 생사의 원인을 밝히기 위해 명상에 들어갑니다. 오랜 명상시간이 지나고 밝

121

은 샛별을 본 순간 눈과 마음이 열리어 인생의 고통의 해결책인 사성제(四聖諦)를 밝히시고 생로병사의 원인인 십이연기(十二緣起)를 깨달은 것입니다.

사성제는 고통이 없어지고 즐거움과 고요한 열반인 붓다의 세계를 얻는 방법을 설하신 것이므로 환멸연기(還滅緣起)라 하고, 십이연기는 고통이 어떻게 생기고 생사윤회를 하는 과정, 즉 고난과 고통 속에서 살아가고 있는 우리 중생들의 세계를 자세히 깨닫고 설하신 내용으로 유전연기(流轉緣起)라 부릅니다.

십이연기를 나열해 보면 무명(無明) · 행(行) · 식(識) · 명색(名色) · 육입(六入) · 촉(觸) · 수(受) · 애(愛) · 취(取) · 유(有) · 생(生) · 노사(老死)의 열두 가지를 말합니다.

처음의 두 가지 무명 · 행은 과거의 인(因)이 되고, 중간의 여덟 가지 식 · 명색 · 육입 · 촉 · 수 · 애 · 취 · 유는 현재의 연(緣)이 되며, 그리고 뒤의 두 가지 생 · 노사는 미래의 과(果)가 됩니다. 간략히 말하면 십이연기는 중생세계의 세 가지 요소인 번뇌(煩惱·惑) · 업(業) · 고(苦)를 나누어 설명한 것으로 서로가 서로의 인연이 됩니다. 번뇌는 업을 낳는 인연이 되고, 업은 고통의 인연이 되며, 고는 다시 번뇌와 업의 인연이 됩니다.

미혹한(무명·행) 상황에서 자꾸 업(식·명색·육입·촉·수·애·취·유)을 만들고 업을 짓기 때문에 고통이(생·노사) 찾아온다는 것입니다. 이런 상황들이 전전하면서 인과 연을 만들고 과보를 낳으며 생사를 끝없이 윤회

한다는 것입니다.


　삼국유사에 있는 내용입니다.

　경주 만선북리에 과부가 있었는데, 남편도 없이 아이를 잉태하여 낳았습니다. 열두살이 되어도 말을 못하고 거동도 못하여서 사동(蛇童. 뱀 아이)이라고 불렀습니다. 어느 날 그 어머니가 돌아가셨는데, 그때 원효는 고선사에 머물러 있었습니다. 원효는 그를 예로써 맞이 하였으나 사복은 답례도 없이 말하였습니다.

　"그대와 내가 옛날에 경전을 싣고 다니던 암소가 지금 죽었다. 함께 장례를 치르는 것이 어떻겠소?"

　원효가 대답했다.

　"좋습니다."

　드디어 함께 사복의 집에 와서는, 원효에게 포살수계를 시켰습니다. 시신을 앞에 두고 원효가 기원하며 말하였습니다.

　'태어나지 말지어다. 그 죽음이 괴롭다. 죽지 말지어다. 다시 태어남이 괴롭나니!'

　사복이 말하였습니다.

　"말씀이 번잡하오."

　원효가 고쳐서 말하였습니다.

　"죽음도 삶도 괴롭구나!"

　두 법사는 시신을 싣고 활리산 동쪽 기슭으로 돌아왔습니다. 원효가 말하기를 "지혜로운 호랑이는 지혜의 숲에 장사 지내는 게 마땅하지 않겠는가?"

이에 사복은 게송으로써 말하였습니다.

"저 옛날 석가모니 부처께서는 사라수 사이에서 열반에 드셨는데, 지금 또한 그와 같은 이가 있어 연화장 드넓은 세계로 들어가려 하네."

말을 마치고는 띠풀의 줄기를 뽑으니 그 아래에 밝고 맑은 텅 빈 세계가 있었습니다. 칠보로 장식된 난간에 누각은 장엄하여 거의 인간 세상이 아니었습니다. 사복이 시신을 매고 함께 들어가자 그 땅은 갑자기 닫혀버렸고, 이것을 보고 원효는 절로 돌아왔습니다.

십이연기를 자세히 설명하겠습니다.

첫 번째 무명은 이해하지 못하는 것입니다. 이 세상과 실체의 근본을 이해하지 못하고 눈에 보이는 모습들만 진실이라고 굳게 믿는 어리석음입니다. 육신이 내 모습의 전부인 것처럼 생각하고, 물질이나 욕심을 마음에 가득 담아두는 사람이 무명 속을 걷고 있는 사람입니다. 잘못된 망념으로 괴로워하고 강한 집착심으로 마음과 정신을 어지럽게 하는 것 또한 무명입니다.

내 마음 부처 자리에 유무의 제한된 법칙을 갖다 붙이는 것도 무명의 시초입니다. 무명은 반야의 공성을 무시하고 아만과 법집에 갇

124

히게 되면 더욱 강해지는 속성을 가지고 있습니다.

햇빛이 비치는 환한 깨달음의 세상을 등지고 어두운 미혹의 세상을 좋아하고 자꾸만 그쪽으로 가려고 하는 습관을 근본무명이라 합니다. 하지만 어두움과 미혹이 사라지면 곧 밝은 세상이 되면서 무명은 사라집니다.

두 번째 행은 무명에서 비롯한 가치관과 습관입니다. 나를 중심으로 판단하는 잘못된 생각으로 도둑질을 하고, 삿된 음행을 저지르는 등 악한 행동을 반복적으로 되풀이하며, 악업(惡業)을 짓고 괴로워합니다. 남을 이간질하고 추악한 말로 타인을 위협하지만 돌아오는 것은 재앙입니다. 강한 이기심에서 남을 배려하지만 머릿속에는 오직 나의 이익을 생각하며, 이익이 맞지 않을 때에는 화를 냅니다.

세 번째 식은 행에서 나오는 결과를 분별하는 인식작용입니다. 행위와 습관을 통해 나온 결과를 저장해두는 것이 식입니다. 반복된 습관행동을 만들기 위해서 무엇인가를 학습하고 인식하며, 지식, 성격, 취미, 가치 등을 이루어 보전하는 작용이 식입니다. 이 식을 마음이라고 할 수 있습니다.

네 번째 명색은 인식의 대상을 말합니다. 식을 통해 만들어진 자신만의 고유한 업식에 의해 인식의 대상이 만들어집니다. 고유의 업이 빨간색이면 바깥 세상은 빨갛게 보이며, 인식을 수행을 통해 맑고 밝게 만들었다면 맑고 밝은 세상이 드러나 보이는 것입니다. 마음과 육체의 오온을 말하기도 하지만 육식의 대상인 육경인 색(色 물질)·성(聲 소리)·향(香 향기)·미(味 맛)·촉(觸 접촉)·법(法 법)을 말합니다.

다섯 번째 육입은 인식의 근본을 말합니다. 인식의 대상을 알 수 있는 창문과 같은 역할을 합니다. 즉, 안·이·비·설·신·의 의 육근을 말합니다. 육처(六處)라고도하며, 나를 통해 외부세상을 알려고 하면 육근이 반드시 존재해야 합니다. 육근이 없이 식만 존재한다는 것은 귀신일 뿐입니다.

육근과 육경, 그리고 육식은 동시에 진행되기 때문에 서로 의지하고 서로가 서로에게 밀접한 관련을 가집니다.

두 손바닥이 마주쳐야 소리가 나는 것처럼 눈이라는 근(根)과 물질이라는 경계(境)가 만나야 비로소 인식(識)인 알음알이가 생기는 것입니다.

여섯 번째 촉은 마음이 외부 물건에 접촉되어 일어나는 단순한 느낌입니다. 감촉을 느낄 수 있는 마음작용이지, 느낌을 식별하는 기능은 없다고 합니다.

일곱 번째 수는 물건의 접촉을 함으로써 정신이 이어지는 마음작용을 말합니다. 감촉을 받아들여 옳고 그름을 분별하는 감수 작용입니다. 육근을 통해서 대상을 확인하고 좋은 것은 기뻐하며 받아들이고 나쁜 것은 싫어하며 배척하는 것입니다.

여덟 번째 애는 접촉을 하고 감수 작용을 통해 얻어진 좋은 감정을 집착해서 애착을 낳고 애착심을 계속해서 지속하려는 성질이 애입니다. 또는 연인의 사랑을 애에 포함시키기도 하는데, 연인들이 하는 사랑은 서로에게 강한 집착심에서 오는 애입니다. 연인의 애는 균형이 깨지게 되면 배신감과 증오감, 우울증이 찾아오게 됩니다.

아홉 번째 취는 좋아하고 사랑하는 감정이 지속되면, 오로지 자신의 것으로 만들어 그것에 의지하려는 행동을 말합니다. 재산, 명예, 사람 등을 내 것으로 만들어 몸과 마음을 의지하려는 습성입니다. 취도 강한 집착심에서 오는 결과입니다.

열 번째 유는 무의 반대입니다. 애와 취로 만들어 놓은 실질적 존재입니다. 사랑하여 만들어 놓은 대상을 끝까지 내 것으로 취하고, 사랑을 취하는 과정에서 새로운 업을 만들어 무명을 두텁게 하는 것입니다. 소유의 습관이 유입니다.

열한 번째 생은 소유의 습관인 유에서 자신의 업들이 태어나는 것입니다. 고락과 학습 등 일상생활에서 얻어지는 몸과 입과 생각으로 업을 만들어 인격과 체질, 그리고 지능 등을 만들어 가는 것이 생입니다.

열두 번째 노사는 늙고 병들어 죽는 것을 말합니다. 노사는 우리 중생세계의 확실한 미래의 결과입니다. 이 늙고 병들고 죽는 것의 근본은 바로 무명 때문이라는 것입니다.

십이연기는 우리들 인생의 굴레를 말한 것입니다. 부자유스러움에 얽매어 살아가는 현실이 바로 우리들입니다. 진리에 무관심한 나. 지혜를 밝히지 못하는 나의 방일함이 우리를 더욱 어둡고 칙칙한 무명 속으로 몰아붙이는 것입니다. 우리들은 무명 안에서 옳고 그름, 사랑과 증오, 욕심과 게으름으로 업을 지어서 생사를 반복합니다.

발전된 인생을 살기 위해서는 큰 꿈을 꾸어 노력과 실천의 결실들이 열매를 맺어 향상된 나를 만들듯이, 무명에서 벗어나기 위해서는 십이연기를 집중적으로 관찰하여 내면 속의 본래모습을 깨닫고 나아가 우주만물의 이치를 확연히 깨달을 수 있을 것입니다.

반야심경에서는 붓다께서 깨달으신 십이연기마저 텅 비어 없다고 돌려버립니다. 대게 무에는 두 가지로 해석할 수 있습니다. 아무것도 없다는 부정의 뜻이 하나이고, 부정을 통해 긍정을 이끌어 내는 방법이 둘입니다. 반야심경에는 부정과 긍정의 뜻을 모두 쓰고 있습니다. 그래서 십이연기의 진리가 텅 비어 없지만 인연이 찾아오면 있는 것입니다.

없기도 하고 있기도 하는 것이 반야심경의 무입니다. 이것이 바로 법공(法空)을 나타낸 이치입니다.

역무무명진은 무명이 다함도 없다는 것입니다. 무명이 다했다는 것은 무명에서 벗어났다는 것입니다. 무명에서 벗어나 밝음이 드러났는데도 그것마저 없다는 것입니다. 반야심경은 참으로 위대한 반야바라밀의 현상을 설해놓은 경전입니다. 내지는 무행 역무행진… 의 십이연기의 하나하나를 줄여서 표현한 것입니다.

무노사 역무노사진은 늙고 죽음도 없고 늙고 죽음의 다함도 없다고 합니다. 반야바라밀의 관점에서 바라본 우리 중생세계는 텅 비어 아무것도 없다는 것입니다. 그러나 늙어 병들고 죽어가는 현실의 무서움을 보고 느끼며 살아가고 있습니다. 이러할 때 우리는 무엇을 의지해야 하겠습니까. 그것은 붓다께서 깨닫고 가르친 십이연기마저 없다는 반야바라밀의 함축 능력에 몸과 마음을 의지해야 합니다.

반야바라밀은 지구와 나아가 우주를 이끄는 정말로 엄청난 가르침인 것입니다.

반야바라밀은 어두운 세상에 용기를 만들고 희망을 낳은 미래 대안 프로그램입니다.

무고집멸도

無苦集滅道

고집멸도도 없다.


고집멸도는 사성제(四聖諦)입니다. 사성제는 네 가지 성스러운 진리로 고성제(苦聖諦)·집성제(集聖諦)·멸성제(滅聖諦)·도성제(道聖諦)입니다. 붓다께서 깨달으신 내용은 십이연기이지만 녹야원에서 다섯 비구에게 처음 법문을 여신 내용은 사성제입니다.

십이연기는 고통의 원인을 알아내는데 중점을 둔 유전연기이고, 사성제는 고통의 원인을 소멸하고 열반의 세계인 니르바나에 도달하는 환멸적 연기의 사상입니다. 그렇기 때문에 붓다는 대중이 깨달음을 얻게 하기 위한 직접적인 가르침인 사성제를 설하셨던 것입니다.


중아함경에서는 사성제를 이렇게 표현하고 있습니다.

"비록 한량없이 많은 선법(善法)이 있더라도 모든 법은 모두 사성제에 포함되어 사성제 가운데로 들어온다. 그것은 마치 모든 동물의 발자국이 코끼리 발자국에 포섭되듯 이 불타의 모든 가르침도 사성제에 포섭되기 때문이다."


첫째 고성제 - 결국 인생은 고라는 것입니다. 산모의 몇 배 이상

의 고통을 받고 태어나 유년기·청소년기·성인기를 거처 늙고 병
들어 죽는 것이 우리네 세상의 이치입니다. 그중에서 기쁘고 행복
한 날도 있겠지만 동전의 양면처럼 슬퍼하며 불행을 겪는 것은 피
할 수가 없습니다. 잠깐 찾아온 행복도 완전치 못해 행복을 잃어버
릴까 걱정을 하게 됩니다. 이 세상, 이 사바세계가 고해(苦海)속에
있다는 것입니다.

　고성제는 대부분 사고팔고(四苦八苦)로 설명되어집니다. 생로병사
의 네 가지 고통에다 애별리고(愛別離苦), 원증회고(怨憎會苦), 구부득고
(求不得苦), 오온성고(五蘊盛苦)를 더하여 여덟 가지 고통을 말합니다.

　생로병사는 인간이 갖는 근본적 고통이고 피할 수 없는 숙명입니
다. 천하의 영웅과 호걸도 이 생로병사 앞에서는 어쩔 수 없습니다.
붓다께서는 우리들이 받는 생로병사의 고통을 위해 출가를 하셨고
그 해결 방법을 반야심경을 통해 말씀하시는 것입니다.

　① 애별리고는 사랑하는 사람과 또는 사랑하는 존재와 헤어지는
고통입니다. 사랑하는 사람과 헤어지면 가슴이 아프다고 합니다. 심
하면 가슴이 찢어지도록 아프고 몸져누워 버리기까지 합니다. 요즘
에는 애완동물을 많이 키우며 인생의 반려자로 생각하는 경우가 많
습니다. 정과 애착심이 많이 간 사람과 동물을 잃어버렸을 때의 고
통 생각나십니까.

　② 원증회고는 싫어하거나 미운 사람을 만날 때 느끼는 고통입
니다.

원수는 외나무다리에서 만난다는 속담이 있듯이 싫어하거나 미운 사람들은 두 번 다시 보고 싶지 않은데, 우연찮게 꼭 만나는 경우가 있습니다. 피하려고 해도 어느 날 다시 보게 되니 이것도 내 뜻대로 되지 않나 봅니다. 진저리 치도록 미워하고 싫어하는 사람과의 만남 그 마음에서 찾아오는 고통은 어떠할까요.

③ 구부득고는 구하고자 하는 마음이 있는데, 마음대로 얻어지지 않는 데서 오는 고통입니다. 자신이 생각하고 구하려고 하는 모든 일들이 여기에 포함됩니다. 수행자는 수행의 과를 바라지만 뜻대로 찾아오지 않아 회의감이 들어 찾아오는 고통, 사회인으로는 재물과 명예 그리고 지위에서 오는 불만족 등입니다. 우리들은 자신의 욕심 따라 항상 무엇을 얻고 싶고 채우려 듭니다. 그러나 구하지 못하는 데서 오는 고통은 처절합니다. 그 처절함을 알고 계십니까.

④ 오온성고는 사람이라고 하는 몸과 마음이 갖추어져 있기 때문에 오는 고통입니다. 몸과 마음은 항상 그 자리에 있지 않습니다. 나이가 들면 육체는 힘이 떨어져 쭈글쭈글해집니다. 그것을 바로 보는 허무한 고통. 마음만은 청춘이라 하지만 청춘인 마음을 붙잡는 앞날에 대한 두려움의 고통이 밀려들어옵니다.

붓다께서는 이 고(苦)를 꼭 알아야 한다고 말씀하셨습니다. 왜냐하면 괴로움을 알 수 있어야 불보살이 이루어지는 계기가 되는 것입니다. 진흙 속에서 피는 연꽃처럼 괴로움을 맛보지 않고서는 적멸한 붓다의 세계를 갈망할 수 없기 때문입니다.

둘째 집성제 - 고통의 원인을 밝힌 진리입니다. 고통의 원인은 집착심에서 온다는 것입니다. 집착을 하기 때문에 현실이 괴로운 것입니다. 선사들이 놓아라하는 이유가 번뇌의 집착심으로부터 자유롭게 하기 위해서입니다. 한 가지를 쏠리게 집착함으로써 찾아오는 고통은 욕망에서 비롯됩니다.

자신이 좋아한다고 인기 있는 연예인이나 운동선수를 집요하게 따라다니며 귀찮게 하거나 괴롭히는 사람을 스토커라 합니다. 이것은 강한 집착심에서 오는 이기심입니다. 강한 집착심은 곧 끊어야 할 대상입니다.

셋째 - 멸성제는 집착심이 소멸하여 자재함을 얻는 진리입니다. 탐욕과 화냄과 어리석음의 뿌리가 뽑혀져 무명이 걷이고 온 세계를 비추는 붓다의 세계인 니르바나가 드러나는 것입니다. 멸성제를 얻는 것은 모든 것에 자재하다는 것인데, 자재는 나와 진리, 그리고 속박의 집착에서 벗어나 완성된 반야바라밀을 실천하는 것입니다.

넷째 - 도성제는 멸성제에 이루기 위한 방법을 제시하는 진리입니다. 열반에 이르기 위한 성스러운 진리는 바로 팔정도(八正道)입니다. 팔정도는 8가지로 이루어진 수행덕목인데, 성인의 경지로 오르기 위해서는 이 팔정도를 반드시 닦아야 하는 것입니다. 팔정도는 중도로서 쾌락과 고행의 두 가지 극단을 버리고 올바로 수행해 나가는 방법입니다. 붓다는 중도의 수행으로 올바른 통찰과 인식을 얻었고 평안의 깨달음과 마음의 눈뜸으로 열반을 얻었다고 하였습니다.

팔정도는 정견(正見)·정사(正思)·정어(正語)·정업(正業)·정명(正命)·정정진(正精進)·정념(正念)·정정(正定)입니다. 도성제에 이르는 길인 팔정도를 살펴보겠습니다.

① 정견은 바른 견해입니다. 견해가 바르다는 것은 의견이 올바르고 해석이 정확하다는 것입니다. 참과 거짓, 악과 선, 그리고 불법과 비불법을 가려내는 소견을 말합니다. 견해의 정확성은 아주 중요합니다. 견해가 바르게 서야 삿된 법에 휘둘리지 않고 정법을 닦을 수 있는 것입니다.

② 정사는 바르게 생각하는 것을 말합니다. 바른 생각은 바른 행동을 낳습니다. 바르게 생각하는 데서 사람을 살리는 아름다운 말이 나옵니다. 바른 견해가 이루어져야 바른 생각을 할 수 있습니다.

③ 정어는 바른 말입니다. '말 한마디에 천 냥 빚을 갚는다.'는 것처럼 말의 사용은 중요합니다. 사람이 살아가는 곳에는 말이 오가며 기쁨을 주고, 마음을 아프게도 만듭니다. 항상 긍정적인 말, 칭찬하는 말을 하려고 해야 합니다. 왜냐하면 말한 대로 이루어지기 때문입니다.

④ 정업은 바른 행위입니다. 사람이 몸과 입과 의지로 짓는 업(業)입니다. 신·구·의 삼업이 청정해야 한다는 것입니다. 삼업이 청정해야 바른 생활과 수행을 해 나갈 수 있는 것입니다.

⑤ 정명은 바른생활입니다. 건전하고 바른 생활은 정신을 살찌우지만 올바르지 않는 생활습관은 황폐한 영혼을 만들 뿐입니다. 일상이 바로 서야지 정진에 힘을 얻을 수 있습니다.

⑥ 정정진은 바른 수행의 정진이라고 할 수 있습니다. 법에 의한 바른 정진은 수행의 과를 얻을 수 있습니다. 요즘 수많은 명상과 선들이 세상에 나오고 있습니다. 오직 정법에서 벗어나지 않는 수행정진만이 올바른 과를 얻을 수 있습니다. 정법이란 마음 안에서 찾아야 된다는 것입니다.

⑦ 정념은 정정진에 의한 바른 생각의 유지를 말합니다. 마음이 정화되어서 긍정적 마인드로 과거를 기억하고 현재와 미래를 밝게 생각하고 그려내는 것입니다.

⑧ 정정은 바른 선정에 이르는 것입니다. 즉, 삼매에 드는 것입니다. 정정은 팔정도의 하이라이트입니다. 결국 불법은 마음을 깊숙이 통일하는 데서 붓다의 세계인 열반이 이루어지는 것입니다.

붓다께서 깨달은 십이연기와 팔정도인 성스러운 진리를 반야심경에서는 단 한마디 무로써 표현을 합니다. 붓다의 최고 진리마저도 없다고 합니다. 텅 비어 있어서 아무런 자취도 없다는 것입니다. 여기서 우리는 한 가지를 생각해 보아야 합니다. 반야심경에는 왜 그토록 텅 비어서 없다고 말하고 있는 걸까요. 여기에 대해서 곰곰이 생각해 본 적이 있습니까.

바로 여러분들의 마음에 붙어있는 껌 딱지를 떼어주기 위해서입니다. 씹으면 씹을수록 찰싹 달라붙는 껌처럼 우리들은 욕심이 한 번 붙으면 잘 떨어지지 않기 때문입니다. 한눈을 파는 순간 반야와 멀어집니다. 악업을 되풀이할수록 우리들은 바라밀의 세상을 만날 수 없습니다.

어디에도 머물지 말고 그 마음을 만드십시오. 이러한 마음이 십이 연기와 사성제의 텅 빈 진리를 내다볼 수 있기 때문입니다.

# 제4장
# 모든 것은 반야바라밀로 흘러들어 간다

# 지혜와 블랙홀

## 지혜

무지역무득 이무소득고
無智亦無得 以無所得故
지혜도 없고 또한 얻음도 없다.
얻을 것이 없는 까닭에.


이 세상에는 말과 글로써 표현하기 어려운 부분이 있습니다. 아인슈타인은 한 마디로 표현해내지 못한다면 그 대상을 제대로 이해하지 못한 것이라고 말하였습니다만 참으로 힘든 것은 알고 있어도 성의껏 표현을 해내도 그것과 더욱 멀어져 있어 마음이 아픈 것이 사실입니다.

인간세상의 사랑과 우정·인생 등에 관한 사람들의 심금을 울리는 명언들이 세상에 많이 나와 있듯이 타인을 이해시키기 위해 글을 사용하는 것은 쉬운 일이 아닙니다. 그래서 붓다는 중생을 위해 수없이 많은 비유를 들은 것입니다. 붓다는 비유의 귀재이며 비유의 왕인 것입니다.

마음·지혜·불법·반야바라밀 등은 그 본체가 묘하게 텅 비어있는 상태라 이른 아침 맑은 공기 속에서 휘파람을 불어대는 산새처럼 아름다운 음률을 전달하여 잠자고 있는 본성을 깨우고 이끌어내는 것은 평범한 일이겠지만, 고차원적인 단어에 영혼을 불어넣어 아름다운 표현을 하고 정확하게 전달하기가 어려운 것은 사실입니다. 하지만 어려울수록 천진스럽고 순수한 마음으로 사유하다 보면 우리들을 진리로 이끌어 줄 것입니다.

고차원적 단어를 해설하는 것은 어떤 면에서는 따스한 봄철에 내리는 함박눈처럼 세상의 여건을 감안하지 않고 주위의 따뜻한 조화에 차가운 바람을 불어넣어 자못 잘 흐르는 물줄기를 끊어놓을 수 있습니다. 그렇지만 차가운 눈이 내려 눈치우기를 포기한다면 나의 집은 눈이 얼어붙어 두꺼운 얼음이 되면서 접근할 수조차 없을 것입니다. 그러나 열심히 눈을 치우고 시간이 흐르면 언젠간 얼음을 녹일 태양이 사방에 비출 때가옵니다. 태양이 비추어 눈과 얼음이 녹으면 자연은 활기를 얻어 새날을 기약합니다.

비록 명확하게 풀어내지 못하더라도 눈을 치우듯 자꾸자꾸 하다

보면 지혜의 성에 다다를 것입니다.

지혜는 어리석음을 물리치고 깨달음을 성취할 때 생기며 느껴지는 광대한 파워입니다.

지식은 적은 촛불의 밝기로 표현을 하고 지혜는 태양의 밝기에 비유를 하곤 합니다. 지식은 힘을 사용함에 제한적인 한계가 있어 지혜보다 힘이 광범위하게 퍼지지 못하는 것이 사실입니다. 그래서 머리에 입력시키는 대로 사용할 수 있으며, 지식을 발효해서 숙성시키는 일은 지혜의 영역입니다. 그래서 지식과 지혜는 전혀 다른 차원은 아니지만 지식은 테두리가 있는 그릇과 같고, 지혜는 테두리가 떨어져나간 동서남북 위아래가 뻥 뚫린 것이라 할 수 있습니다. 그곳에서 신비하기도 하고 오묘한 광풍이 불어 모든 것을 한눈에 꿰뚫어 진리를 깨닫고 그 깨닫는 마음을 사용하여 모든 생물들이 평화와 자유를 누리고 안정된 생활을 영위해 나가며 닫혀있고 죽어있는 마음을 맑고 밝게 열어주는 것이 지혜입니다.

세상은 많이 변했습니다. 고도의 산업화 물결을 타고 우리가 사는 인간세상은 물질과 과학의 발전으로 하루 앞을 내다보지 못할 정도로 변화해 나갑니다. 물질의 과잉생산과 돈의 점유욕은 풍부한 생활을 해나갈 수 있지만 정작 중요한 아름다운 인간의 정과 훈훈한 마음 씀이 약해지는 것은 가뭄 속에서 메말라 가는 샘물처럼 안타깝기만 합니다.

앞으로도 세상은 몰라볼 정도로 달라질 것입니다. 사람들은 신의

141

권능을 자처하며 새롭고 놀라운 기술과 우주과학의 비밀을 파헤쳐 나갈 것입니다. 신통스러운 기계들도 발명할 것입니다. 그러면 더욱 더 자기 위주의 삶을 살 것이고 차가운 세상이 만들어질지도 모릅니다. 인간이 행복을 나누는 정과 따뜻한 마음 씀은 점점 사라질 것입니다.

우리들이 만물의 영장이라고 내세우는 것은 타인을 배려하고 아껴주는 아름다운 마음을 가지고 있기 때문입니다.

어느 겨울날 눈이 휘날린 후에 비가 내렸습니다. 비가 내리고 나서는 한파가 찾아와 그만 길이 꽝꽝 얼어붙어 버렸습니다. 반들반들하게 얼은 비탈진 길을 다니기가 너무 미끄러워 기어다니곤 하였습니다. 그래서 미끄러운 길을 녹이려고 길 위에 장작을 피워 놓았지만 불을 피워 놓은 장작 주위만 녹는 것이었습니다. 그런데 다음날 맑은 날씨에 태양이 떠올라 한나절 비추니 그렇게 녹지 않았던 얼음 길이 녹아버렸습니다.

지식은 장작불처럼 한계가 있어 연료가 소진되면 불의 힘을 발휘하지 못하지만 지혜는 태양처럼 비록 겨울의 햇빛이지만 두껍고 단단한 얼음을 녹여주는 스케일이 엄청난 무형의 활동을 하고 있는 것입니다.

지혜는 모든 이들이 조화롭게 살아가는 방법을 알려주는 친근한 메시지입니다. 지혜가 없는 삶은 자신만의 이익을 위해 죽이고 헐뜯고, 이 눈치 저 눈치를 보며 남의 재물을 노리는 어리석은 욕심을 부리곤 합니다. 그러나 수행을 하여 지혜를 얻은 자는 어리석은 욕심에서 벗어나 무소유의 삶을 실천하고 구름에서 벗어난 태양이 눈부신 분신을 펼치며 만물에 생명의 호르몬과 진화의 꿈을 이루게 하듯이 저마다 마음부처를 세상에 펼쳐내어 아귀다툼 속에서 평화를 이끌어내고, 시끄러운 시장바닥 저잣거리에서 반야바라밀의 노래를 부르는 정말로 마음에 잔잔한 미소가 요동치고 텅 빈 세월에 유익한 효소를 만들어 내어 농익은 막걸리를 만들어 나가는 것입니다.

지혜는 문자와는 차원이 다릅니다. 글로써 지혜를 나타내고 표현을 하지만 지혜는 말보다 앞선 깨달음이기 때문입니다. 문자를 이용하여 깨달음을 이야기하지만 깨달음과는 전혀 다른 방향으로 흘러갈 수 있기 때문입니다. 왜 그럴까요. 깨달음과 지혜는 공을 본체로 삼기 때문에 말을 할수록 더욱 멀어진다는 것입니다.

중생을 교화할 때도 그렇습니다. 말과 글로서는 한계가 있고 요즘 세상에는 수없는 명언과 고급지식이 인터넷에 제공되어 있어 검색만 하면 원하는 정보를 얻을 수 있습니다. 그러나 지혜의 힘과 깨달음의 묘한 작용이 중생에게 감동을 주어 이끌 수 있는 것입니다. 그러나 우리들이 사는 세계는 말과 글이 있어서 지혜를 나타내는 것입니다.

말과 글은 한계가 있어 대포에 속하고 깨달음은 원자폭탄이라고 노스님이신 일타스님은 강조하셨습니다.

지식과 지혜의 차이를 잘 보여주는 이야기 한 편을 소개해드립니다.

당나라 때 검남 출신에 주씨 성을 가진 선감(宣鑑. 782~865)스님이 있었습니다. 서촉 지방에서 『금강경』을 강의하던 그는 남방의 선승들이 '마음이 바로 부처'라고 가르친다는 소문을 듣고 분한 기운이 하늘을 찌를 듯이 북받쳐 올랐습니다.

'3아승지겁을 수행해 금강유정(金剛喩定)을 얻고, 후득지(後得智)를 활용하여 천 겁 동안 부처님의 위의를 배우고 만 겁 동안 부처님의 미세한 계행을 배운 뒤에야 완전한 깨달음을 이룰 수 있는 법이거늘. 그런데 마음이 곧 부처라 배울 것도 닦을 것도 없다니, 이런 망언이 있나. 남방의 선승들은 모조리 불법을 파괴하는 마귀다.'

커다란 몸집에 날카로운 눈매, 유난히 시뻘건 입술에 칼날처럼 날카로운 송곳니를 가졌던 선감은 관상만큼이나 살벌한 목소리로 선언했습니다.

'내가 직접 찾아가 남방의 마귀들을 쓸어버리리라.'

그는 잔뜩 짐을 짊어지고 남방으로 길을 나섰습니다. 그러다 풍양에 다다랐을 때 먼 걸음에 허기진 배를 채울 요량으로 길가의 떡집으로 찾아들어 갔습니다.

"점심(點心) 좀 합시다."

다가온 노파가 신심이 가득한 눈빛으로 물었습니다.

"스님. 저 무거운 짐은 다 무엇입니까?"

"아, 저거요. 제가 쓴 『금강경』 주석서입니다."

선감의 목소리엔 거드름이 잔뜩 묻어있었습니다.

할머니는 조용히 다시 물었습니다.

"스님. 제가 궁금한게 있는데 여쭤어도 괜찮을까요. 스님이 가르쳐주시면 제가 떡을 그냥 보시하겠습니다. 그러나 대답하지 못하면 다른 집으로 가셔야 합니다."

선감은 피식 웃어보였습니다.

"아. 뭐든지 물어보십시오."

"금강경에 '과거의 마음도 얻을 수 없고, 현재의 마음도 얻을 수 없으며, 미래의 마음도 얻을 수 없다' 고 하였는데 스님은 어느 마음에 점을 찍으시겠대(點心)는 겁니까?"

선감스님은 말문이 막혀버렸습니다. 생각할 짬도 없이 할머니는 곧바로 돌아서 버렸습니다.

『금강경』을 꿰뚫어 주금강(周金剛)이라 자칭하던 스님은 벌겋게 달아오른 얼굴로 노파의 옷자락을 붙잡았습니다.

"할머니. 그런 얘기는 어디서 들으셨습니까?"

노파는 싱긋이 웃으며 대답했습니다.

"이 길을 쭉 따라가면 용담선원(龍潭禪院)이 나옵니다. 거기 숭신 스님이 계시니 그분을 한 번 찾아뵈세요."

선감은 곧장 용담선원으로 향했다. 그러나 용담선원에 당도한 선감은 허탈하였습니다. 거창한 총림은커녕 선원은 겨우 비나 가릴 초

막 몇 채뿐이었고, 그 숭신이란 스님도 어수룩한 차림새에 실망한 선감은 문턱에 들어서며 인사도 없이 한마디 던졌습니다.

"용담 스님. 소문 듣고 흠모했는데, 와서 보니 연못[潭]도 없고 용(龍)도 보이지 않는군요."

용담스님이 말했습니다.

"당신 스스로 찾아왔지 않습니까?"

"날이 저물었습니다. 하룻밤 주무시고 가십시오."

못이기는 척 객실에 여장을 푼 선감은 저녁내 마당을 서성이다가 용담의 방으로 찾아갔습니다. 하나 한 마디도 묻지 않은 채 우두커니 서 있을 뿐이었습니다. 그렇게 어색한 침묵 속에서 밤이 깊다가 삼경쯤 용담스님이 한 마디 건넸습니다.

"왜 당신 처소로 내려가지 않습니까?"

"그럼, 안녕히 주무십시오."

일어서긴 했지만 그믐에 별빛마저 없는 터라, 선감은 다시 돌아와서는 용담에게 말했습니다.

"스님. 너무 어둡습니다."

용담은 종이에 불을 붙여 선감에게 건네주었습니다. 그리고 선감이 이를 받아들려는 순간 '훅' 하고 입김을 불어 꺼버렸습니다. 화들짝 놀란 선감은 크게 깨달았고, 비로소 용담 스님에게 진심으로 절을 올렸습니다.

지금은 깨달음을 얻는 수행보다 수행에 접근하여 이론을 연구하고 학위를 따는 것이 대세입니다. 그러나 수행은 이론이 아닙니다. 진실로 참구하고 간절히 정진해 나가는 것입니다. 혹자는 이런 말을 합니다. 깨달음이 눈에 보이지 않아서 학위를 딴다고 합니다. 그것은 불법에 믿음이 없어서 하는 말씀입니다. 불법은 모습 없는 것으로 뼈대를 삼습니다. 무엇을 꼭 보아야 한다는 것은 근본적으로 불법을 위배하는 것입니다. 깨달음은 다만 과보를 남길 뿐입니다.

학위는 지금 나의 신분을 올려주지만 깨달음은 영원토록 귀인의 삶을 살아가게 합니다.


## 블랙홀

블랙홀은 천체 중에서 가장 고밀도로 뭉쳐져 그 속을 모르는 대상입니다. 얼마나 그 속을 모르면 이름을 검정 블랙이라고 이름을 지었겠습니까. 어찌 보면 블랙홀 내부에서는 태초의 우주와 앞으로 일어날 미래의 우주의 역사를 만드는 작업을 할지도 모르는 일입니다.

미래에 이 세상을 이끌어갈 지혜가 신비하고 창조적인 이론과 획기적인 대안방법을 인류를 위해 밝혀낼 것입니다. 또 마음이란 무궁무진한 소프트웨어로 찬란한 산업물결을 이루어 낼 것입니다.

보배창고인 지혜와 비밀창고인 블랙홀은 서로 상관관계가 있지 않을까 생각됩니다.

블랙홀을 바깥쪽에서 바라본 모습은 아주 간단명료하다고 합니다. 블랙홀의 특성을 좌우하는 크기와 전기전하, 그리고 스핀뿐 다른 블랙홀끼리 구별할 만한 다른 특성이 전혀 없다고 합니다. 그래서 물리학자들은 블랙홀은 머리카락이 없다고 표현을 합니다. 블랙홀은 자신을 내세울 외형적 물리량이 매우 부족하다는 것입니다.

블랙홀에서는 빛조차도 중력을 이겨내지 못하고 갇혀있기 때문에 바깥에서 내부를 관측할 방법은 없습니다. 본성의 지혜를 허공에 비유를 합니다. 물론 바깥과 내부에는 물질이 전혀 없습니다. 어떻게 바라보고 관측할 방법도 생소합니다. 단지 옛 성인의 말씀에 믿음을 갖고 그곳에 접근할 뿐입니다.

지혜를 인격화하여 표출한 것이 바로 깨달음입니다. 깨달음도 그 근본이 허공처럼 밝음에 두지만 블랙홀처럼 단순하면서도 그윽하고 검고 오묘한 거대한 보배이며 비밀궁전입니다.

지혜와 블랙홀 모두 내부구조에 대해서는 전혀 알려진 것이 없지만 그 구조를 어떠한 방법으로든 바꾸어 놓아도 질량과 전하, 그리고 스핀과 깨달음은 변하지 않을 것입니다.

열 길 물속은 알아도 한 길 사람 속을 모른다는 말이 있습니다. 부정적인 표현이긴 하지만 사람의 마음을 깊고 넓게 써야 베어 나오는 에너지가 블랙홀의 특성처럼 모든 것을 이끌 수 있습니다.

우주가 탄생한지 수십억 년이 지난 후 원시적 기체들은 중력에 의

148

해 한곳으로 뭉치면서 별과 은하 그리고 행성으로 진화시켰습니다. 그들 중에서 복이 많은 행성은 별과 적당한 거리를 유지하면서 엔트로피가 낮은 에너지를 흡수하여 생명체를 탄생시켰던 것입니다.

반야심경에서는 이런 위대한 지혜도 없다고 합니다. 바로 지혜의 특성에 집착심을 뽑아버리기 위해 단호히 잘라 버린 것입니다. 선가에서 지혜의 칼을 내리쳐 상대방을 깨달음에 이끌어 주듯이 반야심경에서는 불교의 최대목표인 지혜를 얻는 마음마저 자루가 없는 서슬 퍼런 칼로 사정없이 내리쳐 따뜻한 봄날에 복사꽃이 활짝 피는 것을 보게 하는 것입니다. 그렇기 때문에 지혜의 얻음도 없는 것입니다.

우리들이 가지고 있는 집착심은 상당히 깊고 굳세며 강합니다. 많은 분들이 자신의 집착심의 괴로움에 호소를 합니다. 자신의 집착심 때문에 가족들이 힘들어 한다는 일상의 이야기도 합니다. 그런 것을 돌이켜 수행의 믿음과 실천력을 그만큼 강하게 만든다면 우리들은 모두 불과를 얻어 반야심경을 굴리고 인생의 참다운 주인이 되며, 우주의 비밀을 아는 선각자가 될 것입니다.

# 반야바라밀의 최후

## 보살의 의무

보리살타 의반야바라밀다고
菩提薩埵 依般若波羅蜜多故
보리살타가 반야바라밀다에 의지하기 때문에


심무가애 무가애고 무유공포 원리전도몽상 구경열반
心無罣碍 無罣碍故 無有恐怖 遠離顚倒夢想 究竟涅槃
마음에 가애가 없고 가애가 없기 때문에
공포가 없으며, 전도몽상을 멀리 여의어서
구경에는 열반에 이른다.


『반야심경』은 반야경에서 핵심만을 모은 경전입니다. 반야경의 정상이라고 할 수 있습니다. 단락마다 반야의 중요한 내용을 뽑아내고 있어 온 세상에 반야의 향을 심어주는 것 같습니다.

반야는 참으로 성스럽습니다. 반야의 기운이 마음속 악(惡)을 가려내어 퇴치하고 그 자리에 극선(極善)의 전도사를 만들어 놓습니다. 문득 반야를 알게 되면 횅하니 빈 하늘과 빽빽이 들어선 나무와 땅속에서 많은 비밀을 소곤소곤 나에게 알려줍니다.

이제부터 반야심경의 핵심이 되는 대목이 등장합니다. 반야경은 보살이 걸어가야 할 바른 길을 제시한 경전입니다. 그렇기에 반야경은 보살들이 피워낸 고고하고 탐스러우면서 웅장하게 활짝 핀 꽃입니다. 반야경은 보살을 확실히 일깨워 주는 경전입니다.

반야심경의 한 자 한 자가 중요한 대목들이지만 대승불교의 선두 자격인 보살이 평생 무엇에 의지하고 인생의 목표를 어디에 두어야 하는지를 바르게 알 수 있는 말씀입니다. 즉, 보살의 꿈과 열정, 그리고 희망을 그리는 경전의 간절한 말씀입니다.

인생을 살아가면서 우리는 밝은 미래를 설계하는 꿈과 그 꿈을 이루려는 열정, 그리고 열정 속에서 오는 실패의 반복을 이겨내는 희망을 가져야 합니다.

삶이란 하루아침에 이루어지는 것은 없습니다. 눈물을 이겨낸 정성과 공을 들여야만 원하는 곳으로 향해 나아갈 수 있습니다. 그만큼 우리들은 강하고 부드러운 마음과 확고한 믿음을 가질 필요가 있습니다.

밝은 미래를 이루려는 꿈은 보살의 원력이라 할 수 있습니다. 꿈이 있는 인생과 꿈이 없는 인생은 확실히 차이가 있습니다. 우리들이 미래의 목표를 잡아두고 걷는 것과 목표 없이 걷는 것은 차이가 있다는 것입니다. 목표가 있는 움직임은 목적지에 도착할 목적이 있기 때문에 일상생활이 활기차고 소소한 것에 집착하는 마음을 두지 않고 자신의 인격을 만들어가며, 어려운 문제가 닥치면 적극적으로 풀어 나가려는 의지가 있으며 중도에 포기를 하지 않으려고 합니다.

자신의 미래를 마음으로 그려내 항상 노력하고 긍정적 사고로 세상을 바라보려고 합니다. 우리가 꿈은 꼭 이루어진다는 것은 마음이 육체와 정신을 관장하고 있어 꿈의 성공을 향해 나가는 여러 가지 조건을 알맞게 만들어 가기 때문입니다. 그렇기 때문에 보살은 꿈을 청정하고 크게 갖는 것입니다.

반면에 꿈이 없는 인생은 노력 없이 일확천금을 바란다거나 쉽게 쾌락에 빠지기 쉽습니다. 쾌락은 잠깐 동안 즐거움을 느낄 수 있으나 중독에 빠져 고통의 나날을 보낼 수 있습니다. 꿈이 완성되는 것을 부정하며, 되는 대로 살아가고 인생이 별것 아니라 자만하지만 노력 없이 놀기에 빠진 인생은 추운 겨울날 베짱이의 신세를 면할 수 없습니다.

열정은 정진이라고 할 수 있습니다. 끊임없는 자기계발이라고 할 수 있습니다. 꿈은 열정에 의해 영상이 만들어지고 시간 속에서 익어갑니다. 그래서 열정이 없는 꿈은 주파수가 잡히지 않는 라디오처럼 잡음만 무성합니다. 그러나 열정과 정진 속에서 무르익는 꿈은 3D 영상처럼 또렷하고 선명하게 나에게 다가오는 것입니다. 끊임없는 열정으로 자기계발을 실천하는 보살은 이 세상에 우뚝 서서 천하의 기운이 몰려와 산과 바다가 자신의 성공을 향해 춤을 추는 모습을 보게 될 것입니다.

꿈은 열정만을 가지고는 자신의 꿈을 완성시킬 수 없습니다. 꿈을 향해 끊임없이 도전하는 희망을 가져야 합니다. 희망은 자신의 꿈을 믿는 마음이라고 할 수 있습니다. 믿는 마음에서 모든 것을 이룰 수 있습니다. 의심을 버리고 굳건히 믿어 나가야 합니다. 믿음을 갖고 시간을 기다려야 나의 꿈이 익어 갑니다. 그때에 남에게 진 빚을 갚을 수 있습니다. 그때서야 자신에게 때가 찾아옵니다. 때가 나에게 찾아올 때 보살은 세상을 향해 나의 꿈을 펼치고 온 열정을 쏟아 부으며 불보살의 위신력과 더불어 만 중생을 이익되게 할 것입니다.

원력(꿈)과 정진(열정)과 믿음(희망)은 성공의 열쇠이자 보살이 지녀야 할 징표입니다.

보리살타는 보디샤트바의 중국식 단어입니다. 줄여서 흔히 보살이라고 부릅니다. 불법문중에 들어와 깨달음을 얻고자하는 불자들을 말합니다. 보살은 석가모니 부처님의 전생을 보살이라 부르지만 대승불교에 들어와서는 깨달음을 얻고자하는 수행자를 보살이라고 부릅니다. 그러기 때문에 성불이 결정된 대보살이 있을 것이고, 중생들이 발심하여 불과를 얻으려고 노력하는 범부보살이 있습니다.

또는 출가해서 계를 받고 수행하는 출가보살이 있고, 출가하지 않고 사회생활을 하면서 불법문중에 들어와 수행하는 재가보살이 있습니다.

대승불교의 대표적 인물상이 보살이기 때문에 보살에 대한 정의와 설명이 많은 것은 사실입니다. 보살을 한마디로 정의한다면 봄이라 할 수 있습니다. 모진 추위와 어려운 역경을 이겨내고 앞으로 필이상적인 꽃을 기다리며, 유익한 열매가 맺으면 그것으로 행복한 세상을 만들어 나가는 것입니다.

그런 보리살타가 무엇에 의지한다고 합니까. 그것은 바로 반야바라밀에 의지하는 것입니다. 이것은 참 중요한 내용입니다. 지표가없는 망망대해인 불법 안에서 보살이 무엇을 위해 살고, 어떤 삶을 살아가야 하며, 무엇을 최종 목표로 살아가야 하는지를 잘 보여주는 대목입니다. 보살은 무엇보다 반야바라밀에 의지해야 합니다. 의지한다는 것은 믿음을 가지고 항상 생각한다는 것입니다. 육조 혜능스님도 제자들에게 늘 마하반야바라밀을 염송하라고 가르칩니다.

요즘처럼 험난한 세상에 사람들은 서로를 믿지 않습니다. 친아버지가 딸을 성폭행하고, 어머니가 자신을 비관한 나머지 자식을 죽이는 사태까지 벌어졌습니다. 서로가 배신을 하고 이용하는 세상이 찾아왔습니다. 세상이 지나가면 갈수록 사기 수법은 더욱 교묘해져 갑니다. 사람들의 교제는 형식적으로 변해 갑니다.

말세의 불자들도 정법을 버리고 삿된 법에 의지하고 복만 바라며 살아가기도 합니다. 반야바라밀은 저 멀리 외계에서 날아온 신기루처럼 생각합니다.

반야바라밀은 우리를 절대 외면하지 않습니다. 텅 빈 품 안에 너와 나를 감싸 안으려고 합니다. 텅 빈 공간에 녹아 스며 있는 정체 모를 에너지가 인연 있고 믿음이 있는 자를 성숙시켜 줍니다.

반야바라밀은 진정 우리들이 믿고 따라야 할 대상입니다. 인생의 경로에 지친 우리를 일깨워 줄 것입니다. 반야바라밀은 항상 생각해야 할 단어입니다. 삶에 활력소를 채워주며 마음 완성의 길로 이끌어 줄 것입니다.

반야는 진공입니다. 바라밀은 반야의 기(氣)운이 퍼져 나가는 것입니다. 참된 공간에서 청정한 마음 안에서 반야의 에너지는 확실히 드러납니다.

반야바라밀은 보살이 세세생생 믿고 의지하며 배워야 할 대상입니다. 이것이 보살의 참된 의무인 것입니다.

보살이 반야바라밀에 의지하게 되면 심무가애라 했습니다. 심무가애는 마음에 걸림이 없다는 뜻입니다. 보살이 반야바라밀을 믿고 항상 생각하게 되어 몸과 마음에 의지 처를 삼으면 첫째 마음이 걸림이 없어진다고 하였습니다. 즉, 마음이 허공과 같이 텅 비어 있다는 것입니다. 텅 빈 하늘에 시기와 질투 등 모든 악이 일어나도 순간 반야바라밀에 의지하기 때문에 마음에 걸리는 장애물이 사라지고 다시 평온한 마음을 되찾는 것입니다.

하루일과를 살아가면서 우리들은 마음속에 걸림이 얼마나 많습니까. 다른 사람이 던지는 사소한 말 한마디에, 나와 다른 생각을 한다고, 잘 나가는 상대방을 미워하기도 하며, 잘되라고 말하는 조언에도 욱하는 마음이 일어나기도 합니다.

악을 생각해도 이것이 걸리고, 선을 생각해도 저것이 걸리는 가애가 많은 인생을 우리들은 살아갑니다. 그렇지만 반야바라밀에 의지하게 되면 마음에 걸리는 장애물을 곧 놓아버리게 됩니다. 큰 걸림에서부터 작은 걸림까지 없어지는 것입니다.

다음 시는 마음에 걸림 없이 사는 인생을 노래한 것입니다.


청산은 나를 보고 말없이 살라하고
창공은 나를 보고 티 없이 살라하네.
성냄도 벗어놓고 탐욕도 벗어놓고
물같이 바람같이 살다가 가라하네.


보살이 반야바라밀에 의지하면 마음이 걸림이 없어지고 걸림이 없어지기 때문에 두 번째 공포가 없다고 하였습니다. 공포는 무서움과 두려움입니다. 마음에 꺼릴 것 없는 텅 빈 마음에는 두려움이 사라집니다. 생물이 있는 모든 것들은 마음에 두려움이 자리하고 있습니다. 싸움을 즐겨 하는 사람의 말에 의하면 무섭기 때문에 먼저 때린다는 것입니다.

죽음에 대한 두려움, 폭력과 폭언의 무서움, 천재지변의 두려움, 열등감의 두려움, 불투명한 앞날의 두려움 등이 엄습해 옵니다. 그러나 밝은 반야바라밀에 의지하기 때문에 두려움은 사라지는 것입니다. 공포는 일종의 어두움입니다. 반야의 빛이 어두운 마음에 비추게 되면 어두움은 한순간 사라집니다. 또한 무서움과 두려움은 마음이 약해서 생기는 현상입니다. 반야에 의지해 수행하고 바라밀을 실천해 나가면 마음은 강해지고 부드러워 어떠한 상황에 처해도 흔들림 없는 마음을 유지해 가며 걸림 없이 활기찬 인생을 살아갑니다. 다른 이에게 편안함을 주는 반야행자가 될 것입니다.

열등감이 강한 한 청년이 있었습니다. 자신을 남과 비교해 가면 갈수록 집착심이 깊어져 점점 열등감의 나락으로 떨어졌습니다. 외모에 대한 콤플렉스, 가난한 집안, 내성적인 성격에 많은 콤플렉스를 가지고 있는 착한 청년이었습니다.

열등감이 강할수록 자신은 점점 초라해지고, 의욕과 자신이 없어졌습니다. 그러다보니 마음이 약해져 무서움과 두려움이 밀려왔습니다. 잘할 수 있는 것은 아무것도 없는 사람인 양, 세상의 근심걱정은 혼자 짊어진 사람마냥 마음은 안정되지 않았습니다. 날이 가면 갈수록 사회와 가정에 아무 쓸모없는 존재라고 생각하며 살아왔습니다.

한 가지, 그 청년은 착한 것이 유일한 장점인 것만 같았습니다.

그러나 착하기만 해서 사회생활과 대인관계에서 이용만 당하고 쌓이는 스트레스를 풀지 못해 방황을 하였습니다.

되풀이 되는 방황 속에서 심신은 더욱 지쳐 갔고 자신이 어느 길을 걸어가고 있는지조차도 몰랐습니다. 착하고 고집이 강한 이 청년은 인생의 특별한 스승 없이 혼자 머나먼 인생의 여정을 걸어가고 있었습니다.

인생 목적지의 부재와 의미 없는 삶에 회의를 느낀 청년은 어느 날 문득 마을에 있는 원효사에 들어갔습니다. 무엇에 끌리는 에너지를 느끼며 자신도 모르게 법당에 들어가 부처님을 바라본 청년은 울컥 눈물을 흘리며 흐느꼈습니다.

한참동안 눈물을 쏟은 청년은 갑자기 절을 하기 시작했습니다.

'부처님 저를 이끌어 주십시오. 부자가 되고 싶습니다.'

정신없이 절을 하자 처음으로 절을 한 탓인지 무릎과 다리가 끊어지는 것처럼 아파왔습니다. 두 시간 절을 하고 법당을 나서자 다리는 후들거리지만 마음만은 편했습니다. 나무가 우거진 절 길을 걷고 있으니 새들이 반갑게 인사를 하는 것만 같았습니다. 이제껏 세상에 혼자 사는 줄 알았던 청년은 인사를 했습니다.

"안녕. 새들아 너희들은 나보다 행복해 보이는구나!"

사찰에 들어가 절을 한 탓인지 청년의 생각은 온통 불교뿐이었습니다. 많은 사람이 평화스럽게 살기를 바라던 세상이 절집에 있다고 생각하기 시작했습니다. 그동안 답답하게 짓눌렀던 마음 안이 환해

졌습니다. 무지했던 불교를 알고 싶었습니다. 불교서적을 많이 읽어 나갔습니다. 그러다 수행을 하며 일평생 사는 스님들을 동경했습니다. 결국 출가를 결심하게 되었고 원효사로 출가를 하였습니다. 머리를 깎는 첫날. 남들이 눈물을 흘린다는 그날. 그의 마음은 더욱 굳건해 졌습니다.

'성불하여 만 중생을 제도하리.'

행자생활을 마치고 스님이 된 청년은 칭명염불 공부를 열심히 해 나갔습니다. 수행을 하면 할수록 마음은 가벼워 훤해지고 자신의 덕지덕지 끼었던 악업이 녹아 흘러내리기 시작했습니다. 어느 날 순간 마음 달을 보고 나서는 반야의 텅 빈 지혜가 나를 비추는 것을 느꼈습니다. 생각은 항상 부처님의 세계를 동경하며 앞날의 평화세상을 그렸습니다. 이 세상에 출가하여 수행하는 것이 인생에서 제일 의미 있는 일이란 것을 재차 확인하면서 청년은 다시 한 번 뜨거운 눈물을 연신 흘러내렸습니다.

보살이 반야바라밀에 의지하여 반야를 완성해 나가면 마음에 걸림이 없어지고, 두려움이 사라지게 됩니다. 그리고 세 번째는 전도몽상이 없어진다고 합니다. 전도는 거꾸로 뒤바뀐 생각입니다. 바른 생각은 멀리하고 앞생각과 뒷생각이 바뀐 잘못된 생각입니다. 몽상은 일종의 번뇌 망상입니다. 꿈을 꾸듯 헛된 생각을 자꾸 하게 됩니다. 실현할 수 없는 망상을 이끌어 갑니다.

전도망상은 잘못된 소견으로 오는 경우가 많습니다. 나쁜 생활습관과 악업을 되풀이 하는 마음에서 올라오며 자신이 생각되지 않아도 마음 깊숙한 곳에서 올라오는 몽상이 있습니다. 참선을 하게 되면 자신도 모르는 전혀 생각되지 않는 모습들이 떠오르는데, 그것이 전도몽상입니다. 전도몽상은 그 범위가 거친 번뇌 망상에서부터 미세한 번뇌 망상에까지 이릅니다. 깊은 반야바라밀을 실천할 때 모든 번뇌 망상이 사라진다는 것입니다.

우리는 꿈을 꾸는 존재입니다. 꿈을 꾸는 자는 미완성입니다. 꿈을 꾸는 자는 자연의 이치와 좋은 습관, 그리고 마음수행을 통해 꿈속에서 나와야 합니다. 꿈속에서 깨어 나와 바라본 세상은 모든 그림자가 밝게 투영되어 있습니다. 보살은 꿈을 깨기 위해 노력하는 사람입니다. 꿈에서 완전히 깨어 나와야 합니다. 어설픈 지혜는 오히려 많은 사람을 어지럽게 합니다. 꿈에서 크게 깨어서 나와야 지혜가 완성됩니다. 지혜가 완성되어야 거침없는 반야바라밀의 힘을 사용할 수 있습니다.

보살이 반야바라밀에 의지를 합니다. 몸과 마음을 반야바라밀에 꽁꽁 묶어두는 것입니다. 그렇게 되면 보이지 않는 큰 힘을 얻게 됩니다. 일부러 만들어 내지 않아도 자연적으로 이루어지는 신비한 에너지를 바라볼 수 있습니다.

마음을 어떻게 쓰느냐에 따라 신비한 에너지는 빛과 모습이 바뀝니다. 절망과 어두움에서 시원하게 갈망하는 한 줄기 샘솟는 맑은 빛 줄기처럼 나타나 나의 정신을 바꿔 놓습니다. 그리고 악의 무덤 속에서 활동하고 있는 세포들을 참외 속 당질처럼 씹는 이들에게 감동을 줄 것입니다. 그리고는 구경열반입니다. 반야바라밀의 최후는 반야바라밀을 의지하는 우리들에게 열반에 이르게 합니다.

열반은 범어로 니르바나(nirvana)입니다. 인간의 고통의 원인인 탐·진·치 삼독 등 모든 번뇌 망상에서 벗어나 영원한 진리를 깨달은 경지를 말합니다. 그래서 적멸(寂滅)·지멸(止滅)·적정(寂靜) 등으로 표현을 합니다.

열반은 우리들 몸과 정신이 가지고 있는 일체의 번뇌 망상이 완전히 사라져 고요하고 평온한 경지에 이른 것입니다. 고요하고 평온한 상태에서 완성된 자유를 만끽할 수 있는 것이며, 불교의 최고 도달점이 열반인 것입니다. 그러니까, 보살은 열반을 추구하고 붓다는 열반은 얻은 자이며, 반야바라밀은 최상의 낙을 이끌어 주는 주체자입니다.

지혜의 눈을 뜨는 것은 무엇보다 중요합니다. 어두운 곳에서 벗어날 수 있기 때문입니다. 마음의 눈을 뜨고 세상을 아름답게 바라보는 것도 중요합니다. 인색함에서 벗어날 수 있기 때문입니다. 우리가 괴로운 것은 눈을 뜨지 못해서입니다. 눈을 떠야 합니다. 맑고 밝은 영혼의 눈을 떠야 합니다. 이것모두 반야바라밀에 의지하여야 가능한 것입니다. 지혜와 마음의 눈이 확실히 열릴 때 존재의 실상을 바르게 볼 수 있는 것입니다. 이것이 『반야심경』이 우리에게 전하는 친절한 메시지입니다. 이것모두 반야바라밀의 작용에 의해 이루어진다는 것입니다.

# 반야바라밀은 주인공을 알아본다

삼세제불 의반야바라밀다 고득아뇩다라삼먁삼보리

고지 반야바라밀다

三世諸佛 依般若波羅蜜多 故得阿耨多羅三藐三菩提

故知 般若波羅蜜多

과거 · 현재 · 미래의 모든 부처님이

반야바라밀에 의지하기 때문에

아뇩다라삼먁삼보리를 얻는다.

그러므로 알라. 반야바라밀다를

고수는 고수를 단번에 알아본다고 합니다. 고수가 상대방을 파악하는데는 많은 시간이 필요하지 않습니다. 순식간에 상대방을 스캔한다고 합니다. 그만큼 고수는 내공(內功)이 쌓여 있기 때문입니다. 그러나 고수가 되는 일은 쉬운 것이 아닙니다. 고수가 되기 위해 얼마나 많은 시간을 투자했겠습니까. 예술적 도자기를 빚는 도공은 명장이 되려면 최소한 30년을 기다려야 합니다. 30년의 기한이 되지 않으면 명장의 자격을 줄 수 없다고 합니다. 하물며 우주와 인간의 스승인 붓다가 되려면 얼마나 많은 시간을 기다려야 하고 들인 그 공(功)과 정성을 표현해 낸다면 허공에서 연기가 피어 오르지 않나 합니다.

우리들의 삶도 그렇습니다. 시작만 해놓으면 무엇이든지 다되는 것으로 알고 있습니다. 투자만 하고 바로 부자가 되는 것으로 착각을 하는 사람들도 있습니다. 열매가 익기 전에는 제 맛이 나지 않습니다. 풋사과는 사람에게 인기가 없습니다. 밥도 뜸을 들여야 맛있는 밥맛이 나는 법입니다. 뜸을 들이기 전에는 질기도 하고, 덜 익기도 합니다. 뜨거운 수증기 안에서 깊숙이 열의 힘을 받은 쌀이 찰지고 맛있는 밥으로 변합니다.

수행의 증표도 이와 같습니다. 열심히 수행 정진하여 고차원의 세계를 체험하였지만 그것이 바로 증득으로 전환되는 것은 아닙니다. 시간이 흘러 마음자리에 흘러들어가 굳어져야 나의 수행이 되는 것입니다. 다시 말하면 수행이 익어야 온전한 정진의 힘을 발휘할 수 있는 것입니다. 스님들도 처음 출가해서 승복을 입으면 어설퍼 보이지만, 세월이 지나 장판 때가 붙으면 승복을 입은 스님네가 거룩하게 보이는 것입니다. 그래서 세속 사람은 나이가 들면 초라해 보일 수 있지만 스님은 스님 노릇을 하면 할수록 내면의 빛이 나오는 것입니다.

'잘 익어야 최상의 서비스를 제공할 수 있습니다.'

반야바라밀은 최상의 고수라 할 수 있습니다. 반야바라밀은 사람을 대번에 알아봅니다. 나의 동반자 역할을 할 수 있는 사람인가를 알 수 있다는 것입니다. 동반자에게는 자신의 모든 것을 내줍니다. 그렇지만 교만하고 도중에 포기하는 수행자는 반야바라밀의 영험을 얻을 수 없습니다.

반야바라밀은 주인공을 알아봅니다. 수행자의 그릇을 알아 넓으면 깊게 해주고 넘치면 고난으로 쌀 됫박을 깎듯이 가지런히 잡아줍니다. 반야바라밀은 앞으로 다가올 새로운 세상을 이끌어갈 인물이 대한민국에서 출현한다는 것을 알고 있습니다. 세상의 진실은 흥망성쇠를 되풀이 한다는 것입니다. 우주도 그렇고 사람들이 모여 사는 인간사도 마찬가지입니다. 그렇기 때문에 어려움을 슬기롭게 보내면 훗날 오히려 기회가 되어 돌아올 수 있습니다. 한국은 앞으로 미래를 설계하는 중심국가로 나설 것입니다. 위대한 인간의 출현으로 한국은 멀지 않아서 인류사에 한 획을 그을 것입니다.

'반야바라밀은 조용히 세상이 변하는 모습을 지켜보고 있을 것입니다.'

삼세제불은 불교에서 말하는 시간의 단위입니다. 즉 과거·현재·미래에 출현한 모든 부처님을 말합니다. 이러한 모든 부처님이 반야바라밀에 의지합니다. 앞장에서는 보살이 반야바라밀에 의지하고 여기에서는 붓다께서 반야바라밀에 의지하여 무상정등각을 이룬다고 합니다.

여기서 지혜의 완성자 붓다가 무엇에 의지한다고 이상하게 생각하시는 불자께서도 계실 것입니다. 반야에 의지하여 깨달음을 이루었지만 붓다는 깨닫고 나서도 반야에 의지합니다. 하물며 우주의 스승이신 붓다도 반야바라밀에 의지하는데, 우리네 중생은 말해 무엇하겠습니까. 우리 모두 반야바라밀에 의지해서 붓다처럼 정각의 반석위에 올라봅시다. 열심히 정진하여 반야바라밀 회상에서 모두 만나 염불의 장단에 맞추어 신나게 마음 춤을 추어봅시다.

아뇩다라삼먁삼보리는 범어로 무상정등정각(無上正等正覺)을 말합니다. 또는 무상정각, 그냥 정각이라고 부릅니다. 무상정등정각은 깨달음의 최고봉입니다. 최상의 바른 깨달음이라 할 수 있습니다. 한순간 찾아온 객이 아니라 지혜가 완성되어 꾸준히 이어진 안심과 평화의 지속성을 말합니다.

보살이나 붓다는 모두 반야바라밀에 의지했습니다. 반야심경의 앞부분에 나오는 그 유명한 공에 의지하지 않았습니다. 공은 반야바라밀을 세우기 위해 만들어진 배경 무대입니다. 많은 보물을 알려주기 위해 공을 세운 것입니다.

무대에서 반야바라밀은 공을 이용하여 자신이 멋진 주인공 역할을 합니다. 공을 드러내 보이기도 하고, 숨기기도 하며 관객들을 숨소리조차 내지 못하게 만들어 유유히 자신 안으로 이끕니다. 그리고 자신 안에서 마지막 핵폭탄을 터트립니다. 그것은 바로 묘유입니다. 묘유는 무대의 안과 밖에서 알지 못하고 전혀 드러내 놓지 않는 비밀전사입니다.

공과 무를 적절히 사용하여 그곳에 마음을 쏟아 넋이 나간 관객에게 반야는 묘유를 가르칩니다. 묘유야말로 참된 공이며, 반야바라밀을 이끄는 존재로 부각시킵니다. 다시 한 번 관객들은 혼비백산하게 만듭니다.

공에 집착하다가는 진짜인 반야바라밀을 잊어버리기 쉽습니다. 공을 이해하고 체험을 했으면 집착심에서 벗어나야 합니다. 그래야 살아있는 검을 쓸 수 있습니다.

보살과 붓다는 텅 빈 공에서 한 단계 높이 발을 디딘 바라밀을 실천했기에 마침내 열반과 무상정각을 이루었습니다. 반야의 진실한 마음을 실행했기에 반야바라밀을 완성시켰습니다. 지혜를 완성시킨 결과는 열반과 최상의 바른 깨달음입니다.

혼비백산한 관객들에게 반야바라밀은 나에게 의지해 달라고 호소를 합니다. 나야말로 진실로 이 세상과 우주를 만들고 이끌며 연결하는 프로그램이기에 옛적부터 보살과 붓다도 모두 나에게 의지해서 자신의 지위를 얻었다고 말을 합니다.

나는 위대한·최상·최대·대웅·극락·극선·신비 등 세상에서 제일가는 단어를 만드는 창조 에너지의 중심이라고 말합니다. 자신의 특별함은 겪어보지 않으면 모르기에 반야바라밀에 의지해 달라

고 재차 강조하고 있습니다. 반야바라밀에 의지한 사람은 생로병사
와 희로애락을 함께할 것이고, 당신의 미래를 확실히 책임질 것이라
며 나와 동반할 것을 권유하고 있습니다.

　이제 반야바라밀다를 천하에 알리는 작업을 합니다. 반야바라밀
다는 인생의 의미를 풀어주는 열쇠요, 우주의 비밀을 확실히 이해시
키는 실마리입니다. 이 거룩한 반야바라밀을 온 세상의 사람들에게
전포하는 의식을 거행합니다.

　우리들은 정신을 가다듬고 반야바라밀의 진실한 뜻과 우리들을
위해 반야바라밀은 어떤 보살행을 하는지 귀 기울여 알아봅시다.

# 제5장
# 반야바라밀의 진실

# 주문으로 등장하다


시대신주 시대명주 시무상주 시무등등주
是大神呪 是大明呪 是無上呪 是無等等呪
위대하고 신비스러운 주문이며, 크게 밝은 주문이며,
최상의 주문이며, 무엇과 견줄 수 없는 주문이다.


이제 반야심경도 결말에 이릅니다. 결말은 마무리를 짓는 부분입니다. 반야심경의 마무리는 주문으로서 대미를 장식합니다. 혼란스러운 관객에게 이제 조용하면서도 웅장한 사자후를 토해냅니다.

반야바라밀의 크나큰 뜻과 경구 한 구절 마다 비밀을 간직한 속뜻을 내보입니다. 그리고 우리가 여태껏 알지 못하고 신경을 쓰지 않은 부분도 알려줍니다.

주문을 알려주기에 앞서 이 주문의 가치를 말합니다. 시대신주·시대명주·시무상주·시무등등주로 주문의 스케일을 나타냅니다.

"시대신주. 이 주문은 위대하고 신비스러운 주문이며, 시대명주. 크게 밝은 주문이며, 시무상주. 최상의 주문이며, 시무등등주. 무엇과 견줄 수 없는 주문입니다."라고 설명을 합니다.

지혜가 완성된 표현은 언어나 문자로서 표현하기에는 한계가 있기 때문에 많은 뜻이 함축되고 갈무리된 주문으로 나타내는 것입니다.

주(呪)란 주술문구에서 나온 말입니다. 불가사의한 효험을 갖는 비밀스러운 말로서 범어로는 다라니(陀羅尼) 또는 만트라(mantra)로 음역합니다. 주사(呪詞)·주문(呪文)·진언(眞言)의 의미도 가지고 있습니다.

주문과 다라니는 그 속에 많은 뜻이 함축되고 있고 갈무리되어 있기에 예부터 그 뜻을 번역하지 않고 사용해왔습니다. 그러나 요사이 언제부터인가 주문과 다라니를 번역하여 왔습니다. 번역한 다라니는 우리가 생각했던 부분과 판이하게 다른 부분도 있기에 효험이 떨어질 수도 있습니다.

주문은 알고자하는 마음에서 이해되지 않습니다. 오로지 지극정성으로 주문을 염하는 곳에 달렸습니다. 사람의 호기심에서 주문의 해설서를 보았더라도 내용에 집착하지 않고 오로지 정성껏 반복적으로 주문을 염해야 합니다. 그래야 주문의 신비스러운 영험을 얻을 수 있습니다.

반야심경은 너무 넓고 깊기에 다른 말로서는 정확히 표현할 수 없습니다. 지혜의 대광명이 우주에 떠올라 광활한 세계를 비추는 고준한 현상에 만물이 무언의 에너지를 이어받아 평화를 즐기고 생로병사의 숙연한 변화와 진화를 통해 붓다를 향해 나아가는 반야바라밀의 조용하면서도 깊숙이, 그리고 끊임없이 실천하는 보살행을 사람들은 어떻게 알 수 있겠으며 무슨 표현을 써야 올바른 모습을 그리겠습니까. 오로지 신비스럽고 불가사의한 영역의 주문의 청량한 빛이 반야바라밀다의 모습과 역할을 알맞게 그릴 수 있는 것입니다.

# 반야와 염불

반야는 지혜입니다. 그리고 바라밀은 자비의 실천입니다. 반야바라밀은 지혜와 자비가 모두 구족한 법문입니다. 불자들은 지혜와 자비를 갈망합니다. 지혜와 자비를 얻는 수행에 들어가는 것은 아주 중요합니다. 지혜와 자비를 얻었다면 많은 사람들을 위해 쓰여야 합니다. 왜냐하면 큰 보물을 찾아 얻고도 세상을 위해 사용하지 않으면 욕심과 심술이 가득해서 양쪽 볼이 축 늘어진 추한모습에 사람들이 기피를 하게 되고 나중에는 그 욕심 때문에 화가 찾아오는 것입니다.

수행의 결과는 중생이익입니다. 중생이익과 자신의 향상을 위해서 우리들은 꾸준히 정진해 나아가야 합니다. 저 멀리 보이는 망망대해의 지평선을 바라보고 목표점을 삼아 쉼 없이, 그러나 조급한 마음을 뒤로한 채 우리는 걸어가야 합니다. 때로는 사력을 다해 걸어야 합니다. 이것이 수행인의 자세입니다. 열심히 정진하여 도착한 지평선은 또 다른 지평선이 보일 것입니다. 지평선에 도착하였다고 해서 그곳에 안주하지 말고 더욱 채찍질을 하며 새로운 지평선을 향해 힘차게 발을 내디뎌야 합니다. 또 다른 지평선이 눈에 보이지 않고 바닷물이 말라 없어질 때까지 수행의 나룻배를 저어 가야 합니다.

마음수행은 반야의 영험이 있습니다. 마음 안에서 찾는 수행은 반야와 직통으로 연결됩니다. 수행의 진척이 빠르고 느리다는 조건만 있을 뿐이지 마음을 일심(一心)으로 만드는 방법에는 여러 가지 의견이 있을 수 있습니다.

나라의 풍습과 생활환경, 그 나라 국민의 가치관, 그리고 수행자의 원력이 여러 가지 수행법을 만들 수 있는 것입니다. 그러나 본길을 향해 나가는 것과 곁가지 길을 가는 것은 차이가 있습니다. 본길은 예부터 많은 수행자가 걷고 있는 검증된 확실한 믿음을 주는 수행방법입니다. 그에 반면 곁가지는 여러 수행자들이 걷고 있지만 아직 검증되지 않고 미비한 사이비 수행법도 있습니다. 본길은 정통을 고수하지만 온갖 노력을 쏟아 부어야 이룰 수 있는 힘이 드는 수행입니다. 곁길은 정통성에서는 떨어지지만 큰 힘을 들이지 않고 열심히 노력하지 않아도 쉽게 얻어지는 수행이라고 합니다.

이 두 가지 길에서 나는 본길을 선택해 가라고 권합니다. 곁길로 가는 수행은 쉽게 얻을 수 있으나 또한 쉽게 잃어버릴 수 있습니다. 그만큼 잘 익지 않는 단점이 있습니다.

정통성 있는 수행은 힘들고 어렵습니다. 빨리 이루어지지 않는다고 조바심도 날 때가 있습니다. 믿음이 강하지 못한 자는 귀가 얇을 수도 있습니다. 재미가 없을 때도 있습니다. 그러나 수행이란 온 마음과 온 정성으로 이루어진 결정체여서 쉽게 만들어진 조잡한 인위물은 쉽게 무너지고 깨지는 결점이 있습니다.

힘이 들고 뜻대로 되지 않더라도 일생을 바친다는 정성으로 나아가면 무엇이든지 할 수 있지 않겠습니까. 다만 자신의 결정심이 부족함을 탓해야 합니다. 꼭 이루어진다는 확고한 믿음을 가지고 어떠한 어려움도 이겨낸다는 대장부의 기질을 가지고 수행한다면 반야는 나에게 응원의 박수와 머지않은 세상에 큰 원력을 이루어 주겠다는 증표를 던져줄 것입니다.

한국정통 수행법 중에서 염불법문이 있습니다. 많은 분들이 염불을 자성을 보는 수행으로 생각하지 않으시고 길흉화복의 해결판 또는 고통과 고난만을 해결해 주는 의지처로 알고 있습니다. 그러나 염불은 확실히 반야의 자성을 보는 수행입니다.

반야와 염불은 같은 것입니다. 불보살들이 반야바라밀에 의지해 올바른 깨달음을 얻었듯이 반야바라밀의 본체가 붓다인 것입니다. 반야바라밀은 붓다의 실상입니다. 붓다의 참된 모습이 반야바라밀이란 것입니다. 그렇기에 붓다를 생각하면 반야를 생각하는 거와 마찬가지입니다. 염불수행자는 특이하게 경전 중에서 특히 반야경계통을 연구하고 수지 독송하는 경우가 많습니다.

세상 근심 서러움을 잊고서 오직 반야만을 생각하는데, 반야가 어디로 가겠습니까. 오직 내 마음 안에 항상 투명인간처럼 머물고 있다가 인연이 되면 발현되어 상락아정을 즐기는 것입니다.

염불수행에도 여러 가지가 있습니다. 염불의 여러 가지 수행방법은 모두 중생의 종교적 자질에 의한 것이기에 본인에 맞는 것으로 선택하면 좋을 것 같습니다. 그중에서 필자는 칭명염불을 권장하고 싶습니다. 칭명염불이란 부처님의 이름을 생각하고 그려내는 것입니다. 염불은 말 그대로 부처를 생각하는 것입니다. 입과 생각으로만 그치지 말고 깊은 마음속에서 울려 퍼질 때 염불의 참다운 맛을 알 것입니다.

간화선은 의정심에 의해 마음속으로 빠르고 깊숙이 들어가는 수행법입니다. 염불은 간절심으로 마음속으로 안전하게 깊숙이 들어가는 수행방법입니다. 이때의 염불은 자성을 보아 깨달음을 얻기 위한 염불이어야 합니다.

칭명염불을 하나의 화두로 삼아 일심으로, 그리고 간절히 칭명하다보면 내 마음 부처를 보게 되는 것입니다. 이것을 견불이라 하며 선가에서는 견성성불이라 합니다. 마음속 부처와 자성이 조금도 다름이 없건만 부처와 자성을 나누어 따지다가는 어느 때 광활한 우주에서 붓다가 노래하고 춤을 추는 것을 볼 수 있겠습니까.

한 부처님을 칭명해야 합니다. 처음 불문에 들어와 염불 수행을 하시는 분들은 이 부처님 저 부처님 칭명하다 잘되지 않으면 모두 버리는 것을 보았습니다. 화두나 주력수행도 마찬가지 입니다. 불법 수행은 이것저것 마구잡이로 하다가는 세월만 보내는 것입니다. 오로지 한 수행으로 반야를 내 것으로 만들어야 합니다. 한 부처님의 명호를 선택해 자신의 염불수행으로 삼아야 반야의 효험을 봅니다. 왜냐하면 마음은 모아져야지 불가사의한 힘을 발휘합니다. 자력과 타력을 논하지 말고 수행인은 오로지 강한 믿음 하나로 마구니의 성을 부셔버리는 것입니다.

『관음경』에는 고난과 고통을 받을 적에 관세음보살의 명호를 듣고 일심으로 관세음보살을 부르면 관세음보살은 그 소리를 듣고 해탈을 얻게 한다고 했습니다. (若有無量 百千萬億衆生 受諸苦惱 聞是 觀世音菩薩 一心稱名 觀世音菩薩 卽時 觀其音聲 皆得解脫)

그러나 자성관음을 찾기 위한 깨달음의 염불은 이렇게 해석할 수 있습니다.

'관세음보살의 명호를 듣고 일심으로 관세음보살을 부르면 곧 염불하는 음성을 관하고 해탈을 얻을 수 있다.'

이렇듯 어떤 마음을 가지고 원력을 세우며 수행하는 것은 세상을 바라보는 시점이나 수행에 따른 과보가 다른 것입니다. 내생의 정토왕생만을 구하는 염불이 아니라 현생의 깨달음에 목적을 둔 염불은 바른 깨달음으로 이어지며 훗날 정토왕생도 이루어지는 것입니다.

'『문수설반야경』에는 반야바라밀을 얻으려면 먼저 반야바라밀을 배우라고 합니다. 우리가 『반야심경』을 알고자 하는 이유가 여기에 있습니다. 반야에 관심이 있으며 반야를 얻고자 함입니다. 그리고 고요한 곳에서 어지러운 생각을 버리고 한 부처님을 선택하여 오로지 이름을 불러야 합니다. 부처님에 대한 생각이 끊임없이 서로 이어가면 이 생각 가운데서 과거·현재·미래의 모든 부처님을 볼 수 있게 된다고 합니다.'

경전에서 이렇게 보증을 하였는데 무엇을 망설이십니까. 염불은 낮은 차원의 수행이라 자존심이 허락을 하지 않습니까. 그것은 염불문을 전혀 모르고 하시는 말씀입니다. 위로는 붓다에서부터 대보살까지 염불수행을 하였고 아래로는 축생과 미물까지 염불을 들으면 악업의 과보를 벗어나 불법을 만난다는 것을 모르십니까. 염불을 하여 염불이 익으면 저절로 내면의 붓다를 찾는 선이 되는 것이니 이른바 염불선이라 하는 것입니다. 간화선의 종장들이 자신의 선을 펼치려 간화선 우수성을 말하며 다른 수행은 낮다고 하는 것입니다.

한국의 정통수행은 칭명염불문이며 원효스님 등 무수한 기라성 같은 선지식들이 염불 수행을 하였건만 중국에서 들어와 한국화된 간화선에 밀려 지금은 변방장수 취급을 받고 있습니다. 그러나 아직도 많은 분들이 염불에 관심을 갖고 수행하는 것을 보니 머지않아 칭명염불 꽃이 만천하에 필 것입니다.

염불은 반야와 직결합니다. 염불로써 반야의 배경인 공(空)을 체험할 수 있고, 공안의 묘유(妙有)를 즐길 수 있으며, 진공(眞空)을 얻고 진공에서도 머물지 않아 공과 불공(不空)이라는 어떤 견해를 갖지 않

179

습니다. 이러한 후 세상에 나와 중생을 제도하고 수행인의 스승이
됨을 알아야 합니다.

# 염불의 수행단계

반야와 염불은 같은 속성을 가지고 있습니다. 반야의 근본이 붓다요 붓다의 묘용이 반야입니다. 염불은 붓다를 생각하고 그리워하는 것입니다. 사랑하는 사람 생각하듯, 어머니가 자식 그리워하듯, 배고플 때 밥 생각하듯 사무치게 생각하고 그리워하며 만날 그날을 기약하며 애잔하게 눈물짓기도 합니다.

염불수행은 깨달음에 목적을 두어야 합니다. 그래야 수행에 힘이 있고 활기찹니다.

염불선은 내안의 붓다를 찾는 수행입니다. 칭명염불이 끊어지지 않게 이어가고 끊임없는 생각을 돌이켜 참된 붓다를 보는 수행입니다. 수행은 원래 긴 말이 필요 없고 담백하면서도 순수한 마음으로 실천을 하는 것입니다. 그러나 근래에 염불에 대한 여러 가지 새로운 견해들이 많이 나와 초심 염불수행자들을 혼란스럽게 만들어 간략하면서도 수행자에게 요긴한 염불수행단계 몇 가지를 말씀드릴까 합니다.

첫째 발심기 - 모든 불보살과 조사들, 그리고 선지식들은 하나의
공통점이 있습니다. 그것은 세상이 무상하다고 자각하는 관점입니
다. 아껴왔고 애지중지하였던 처자식을 사별하였던지, 자신의 목숨
이 경각에 다다랐을 즈음 구사일생으로 살아났을 때, 세상의 부귀영
화에 빠져 지내다 홀연히 세상의 부귀영화가 덧없음을 깨달아 모든
반연을 저버리고 온 정성을 기울여 붓다가되기 위해, 도를 깨닫기
위해 정진하는 것입니다. 그래서 수행자의 첫 번째 가는 조건은 올
바른 발심에 있습니다. 발심이 바르지 못하면 도달하는 목적지는 천
지차이가 날 수 있습니다. 사람들의 눈과 마음을 현혹시키기 위해
도술을 배운다면 이런 발심은 여러 사람을 곤경에 빠트리곤 합니다.
스승이 제자에게 법을 전수할 때 스승은 제자의 사람 됨됨이를 본
다고 합니다. 사람이 바르지 못하면 재주가 많다고 하더라도 절대
법을 전수하지 않는다고 합니다. 그래서 올바른 발심은 무엇보다 중
요합니다.
붓다가 되어서 이 세상의 모든 중생을 제도하겠다는 대원력의 발
심, 대보살이 되어서 이 세상의 빛이 되고 중생의 손과 발이 되겠다
는 청정한 발심 등이 그것입니다. 수행자는 자신의 발심을 재차 확
인하는 자세를 가져야 합니다. 힘들고 어려운 상황에서 나의 올바른
발심이 힘을 주고 든든한 주춧돌 역할을 하여서 비바람에도 흔들리

지 않는 버팀목이 될 것입니다.

둘째 칭명기 - 칭명염불문에 들어오면 일단 부처님 명호를 선택하여야 합니다. 자신이 닮고자 하는, 아니면 그리워하는 불보살님을 한 분 선택을 하여서 일평생 칭명을 하여야 합니다. 칭명염불을 하다 보면 선택한 불보살과 닮아가는 것을 알 것입니다. 나의 업장이 녹아내려 그분들의 원력과 상호들이 점점 나의 마음과 신체에서 찾을 수 있으니 신기하지 않을 수 없습니다.

불보살의 명호를 화두삼아 간절히 정성껏 이름을 불러야 합니다. 처음에는 명호가 뜻대로 잘 되지 않을 수 있습니다. 입으로는 이름을 부르지만 생각은 다른 데에 있을 수 있습니다. 번뇌 망상이 치열해서 염불이 불가능할 수도 있습니다. 그러할 때에도 일념(一念)을 만들려고 노력해야 합니다. 오로지 명호를 잡고 간절히 정성껏 염불하면서 마침내 큰 깨달음으로 회향한다는 법칙을 삼아야 합니다. 이렇게 시간이 가고 날이 가고 달이 지나 년이 지나가다 보면 어느새 염불이 그전과는 다름을 알 수 있을 것입니다. 거칠었던 염불이 부드러워지고 생각과 마음에서도 순일하게 지어가니 깨달음이 멀지 않은 것만 같습니다. 그러나 이러한 생각도 번뇌에 지나지 않으니 명호가 생각이 끊이지 않고 서로 이어지기만을 해놓아야 합니다.

이때에 열심히 칭명하다보면 앞날의 길흉화복이 보이기도 하고 사람의 마음을 읽을 줄 아는 힘이 생기는데, 이것은 잠시 왔다가는 객이지 주인이 아니니 객을 따라 즐기다가는 영 수행을 저버리게 되니 귀담아 들으시기 바랍니다.

나의 염불방법을 소개해 보겠습니다. 나는 몸으로는 고음염불을 하고 마음으로는 간절과 정성의 공을 들이며 염불해 나갑니다. 한 호흡에 불보살의 명호를 삼키고 뿜어내는 일식탄법(一息呑法)을 쓰고 있습니다. 마음으로는 간절히 명호를 관하는 심불관법(心佛觀法)을 씁니다. 그러면 눈으로도 불보살님의 명호를 또렷하게 볼 수 있고, 마음에는 항상 환희심이 생겨서 일상이 행복합니다. 일식탄법은 염불을 하는 도중에 잡념을 물리치는 좋은 방법입니다. 그리고 호흡을 하는 중간에 염불이 끊어지는 것을 막기 위해 무음염불(無音念佛)을 합니다. 염불을 하면서 호흡을 하기 때문에 염불이 끊어지지 않고 이어져갈 수 있습니다.

심불관법은 염불과 선을 병행하는 수행입니다. 무엇을 바라는 기도와 염불이 아니라 진리와 깨달음을 위해 마음붓다를 보기 위해 수행하는 것입니다.


셋째 법열기 - 정성껏 열심히 염불하다 보면 어느덧 마음은 가벼워지고 상쾌해지며, 맑은 기운을 느끼게 됩니다. 마음의 때가 벗어져 찾아오는 법의 즐거움을 만끽하게 됩니다. 세상을 바라보아도 기쁜 마음뿐이어서 늘 잔잔한 미소를 머금습니다. 이때 자비한 성격이 형성되기도 하는데, 다른 사람의 비난에도 크게 흔들리지 않으며 나를 컨트롤 할 수 있기에 욕심과 화를 내도 얼른 돌이켜 놓을 수 있습니다.

열심히 노력한 결과로 공을 체험하고 공의 텅 빈 상태를 이어받아 법의 즐거움을 체험하는 시기입니다. 공을 이해하는 시기이지만 아직까지 완전한 공인 진공, 즉 진공묘유를 모르는 단계입니다. 처음 공을 알게 되니 다른 차원의 세계도 나타날 수 있으며, 모든 것이 텅 비어 있다는 공의 집착에 빠지기 쉽습니다. 치성하던 번뇌가 누그러지니 경전의 이해도 빠르고, 학습의 성취도도 빠른 시기입니다.

넷째 진공기 - 법열기에서 한 단계 향상된 시기입니다. 수행의 관문은 첩첩산중과 같아서 산을 넘고 나면 또 하나의 산이 버티고 있으니 지금에 와서는 사력을 다해서 염불로써 수행의 산을 넘어야 하는 것입니다. 법열기를 지나 진공기로 들어서면 성인의 첫 발을 디딘 것입니다. 마음은 보살이 되어 중생들을 자비심으로 바라보고 중생의 이익에 힘을 쏟습니다. 모습에서 빛이나 거룩하면서 내면에서 흘러나오는 공력이 강하고 부드러워서 향기를 만들기도 합니다. 말투는 단호하고 힘차며 거동에 걸림이 없어서 용과 호랑이의 상호가 비치기도 하며 일반 사람들의 눈에는 성인이 강림했다는 생각을 갖게 만듭니다.

공의 집착심에서 벗어났기에 진공의 참된 모습에 눈을 뜨는 시절입니다. 공이란 아무것도 없는 것이 아니라 공을 바탕으로 하여 그 안에서 묘한 현상이 일어남을 알고(眞空妙有) 수승한 경계를 내다볼 수 있는 시기입니다. 그러나 아직 수행이 완성된 단계가 아니기 때문에 선악의 경계가 극단적으로 펼쳐질 때가 있습니다. 이럴 때에도 마음에 동요를 일으키지 말고 오로지 염불로써 선악경계를 대처함이 바람직합니다. 그러나 자주 마음에 동요를 일으켜 즐거움과 성냄을 따라가다가는 마구니의 대장이 되기 쉽습니다.

수행이 거침없이 잘되다가도 막히는 현상이 일어날 수도 있습니다. 이러할 때에도 오로지 굳은 믿음과 굳센 사자의 기세로 정진을 게을리해서는 안 됩니다. 일상생활에서도 선(禪)이 자유자재로 되어가는 시기입니다. 때로는 법의 즐거움에 눈물을 흘리고, 자연과 하나가 되어 걸림 없는 춤을 추기도 합니다. 매일 자신의 큰 원력을 생각하고 점검하며 자신이 걷고 있는 수행길이 바른지를 비추어 점검해야 합니다.


다섯째 대오기 - 계행을 지키면서 수행을 하는 것은 정진에 순풍을 단 배처럼 순항을 하며 원하는 지혜의 밭에 들어갈 수 있습니다. 수행의 경계가 깊어질수록 계를 지키는 것은 무척 중요합니다. 계행이 없으면 바른 정혜(定慧)가 이루어지지 않기 때문입니다.

진공을 체험하고 자주 회광반조(廻光返照)하면서 정진에 힘을 가하면 염불에 사이가 없고 순일한 곧은 마음이 생깁니다. 안과 밖이 동일하고 뚜렷이 밝은 것이 느껴집니다. 염불로 오고 가고 앉고 누우며 오직 염불뿐이어서 무엇을 하든 수행에 방해가 되지 않습니다. 비방을 하고 욕을 하여도 마음에는 동요가 없고 칭찬을 하여도 마음에는 움직임이 없습니다. 그러나 나는 없어졌지만 아직 법은 없어진 것은 아닙니다. 오직 염불을 하면서 자연과 세상을 모두 잊어버리고 염불에 일심(一心)을 만들면 무심처에 이르게 됩니다.

무심이라고 해서 마음이 목석이 되는 것은 아닙니다. 마음이 안과 밖의 경계에 쓸려 다니는 것이 아닙니다. 일심이 무심입니다. 일상의 법의 작용이 무심입니다. 하지만 무심은 대오의 경지가 아닙니다. 무심처에서 먹고 자는 것을 잊어버리고 염불을 해나가면 문득 나의 생각과 마음이 무너져 내리며 견불(見佛), 견반야바라밀(見般若派羅蜜)이 펼쳐집니다. 이때가 염불공부의 완성을 이루는 대오의 경지입니다.

지금까지 나열한 염불수행단계는 단계마다 선을 그은 것은 아닙니다. 수행자의 자질마다 다른 경계가 있을 수 가 있습니다. 수행자가 정진하는 노력에 따라 단계를 껑충 뛰어오를 수 있는 것입니다.

염불행자는 굳건한 믿음, 끊임없는 정진, 그리고 청정한 대원력을 가지고 있다면 앞날에 깨닫지 못함을 걱정할 필요가 없을 것 같습니다.


문서포교로 나와 인연이 닿아 염불수행 지도를 받고 있는 길상화 보살님의 수행체험을 실어 보겠습니다. 길상화보살님은 오로지 관음염불을 수행한 불자로서 진실하고 순수한 마음으로 수행하여 여러 체험과 가피를 받았으나 몇 가지 사례를 소개해 보겠습니다.

결혼 후 어느 해 막내 시누이가 동네에 치러지는 초상집에서 상여에 매달을 꽃을 만들려고 갔다가 점심만 간단히 먹고 왔는데, 그 후 시름시름 앓기 시작했습니다. 병원에서는 심장병이라 진단을 하였고 결국 일 년을 못 넘기고 죽었습니다.

25세란 꽃다운 나이이기에 저에게는 큰 충격이었습니다. 우리 시누이는 장거리 달리기 운동선수였으며, 그렇게 건강하던 사람이 심장병으로 죽다니…

처음으로 죽음에 대한 공포감을 느꼈습니다. 사람은 반드시 늙어서만 죽는 것이 아니라는 것을 새삼 느끼게 되는 계기가 되었습니다.

그때부터 책을 읽기 시작했습니다. 무슨 책이든 손에 잡히는 대로 읽었습니다. 책의 종류에 관계없이 어느 글귀라도 그 답을 알고 싶었습니다. 찾고 싶었습니다.

10여 년이 지난 시간동안 줄곧 시누이의 죽음에 대한 나의 생각이 풀리지 않았습니다. 집안 어르신들은 상문살에 맞아 급살하였다고 하였습니다. 그렇다면 우리 눈에 보이지 않는 또 다른 영가의 세계가 존재한단 말인가!

어느 날 남편 친구 한 분이 집에 놀려 오셨습니다. 두 분의 이야기를 들어보니 참선이요, 영이 맑아진다, 죽음을 알 수 있다는 말씀에 귀가 번쩍 뜨이는 것 같았습니다. 그 분은 불교공부에 대해 많은 것을 알고 있는 듯했습니다. 그래서 어떻게 하느냐고 물었더니 관세음보살·관세음보살… 이렇게 쉬지 않고 끊임없이 불러보라고 하였습니다. 그때부터 자나 깨나 일하고 무엇을 하던지 마음속으로 관세음보살님만 불렀습니다.

그러할 쯤 우연한 기회에 중국의 고전인 요범사훈(了凡四訓)이란 책을 읽게 되었습니다. 그리고 그 책을 통하여 운명은 결정된 것이지만 자신의 힘으로 창조하고 바꿀 수 있다는 것을 알게 되었습니다. 운명을 바꾸는 확실한 방법은 매순간 악행을 삼가하고 선행을 쌓으며 욕심을 줄이고 마음을 맑히며 남에게 바라는 바 없이 베풀어야 한다는 것을 알게 되었습니다.

참선하는 방법도 배우게 되었고 남편과 다른 몇 분과 함께 근일 년 동안 저녁마다 참선을 시작하였습니다. 그런데 참선이 무엇인지는 잘 몰라도 제일 잘한다고 칭찬을 받았습니다. 입선을 해서 10분도 채 지나지 않아서 텅 빈 공을 느끼면 나의 몸도 주위의 시끄러운 소란도 다 없어지고 항상 어디 가서 무엇인가를 배우는 것입니다. 또 영화의 한 장면을 보는 것처럼 컬러 티브이를 보는 듯해서 한 시간이 몇 분밖에 안 되는 것같이 느껴졌습니다.

일 년 동안 책도 많이 읽었습니다. 중요하다고 생각하면 어떻게 해서라도 그 분야의 책을 구해서 읽었습니다. 책을 읽는 중에도 새로운 것을 알게 되면 나한테는 큰 보람이었습니다.

염불수행과 독서를 하면서 몇 년이 지나니 공부도 자리가 잡히는 듯 했습니다. 아이들도 다 컸고 절에 들어가서 일하고 싶은 생각이 자꾸 들었습니다. 그래서 남편을 설득해 큰절 공양주로 들어가게 되었습니다.

큰절에 들어가 첫날밤을 자는데, 그렇게 편안하고 좋을 수가 없었습니다. 마치 친정집에 온 기분이었습니다. 자꾸 웃음이 나와 실성한 사람처럼 보일까 봐 조심스러웠습니다. 그날 밤 꿈을 꾸었습니다. 마차 한 대에 노스님 세 분을 태우시고 절 큰길을 지나가는데, 내가 마차 뒤에서 수도 없이 절을 하는 것이었습니다. 그리고는 방에 들어와서는 승복을 갖춰 입는 것이었습니다. 승복 앞자락 안섶에 분명히 이름이 적혀 있었습니다. 꿈이라도 너무 생생해서 지금까지 잊히지 않습니다.

드디어 절집에서의 생활이 시작되었습니다. 새벽 세 시에 일어나고 저녁 아홉 시에 취침을 하는 절제 있는 생활이 너무 좋았습니다. 그땐 너무 행복하다고 느끼고, 황홀하고 감개무량해서 전혀 힘들다는 생각을 못했습니다. 마음속에서 우러나오는 환희심은 형용할 수가 없었습니다. 절집의 나무 한 그루 풀 한포기 조차 성스러워 보였습니다.

처음으로 큰 법당에서 스님들을 모시고 부처님께 예불을 올리게 되었습니다. 그런데 시작부터 눈물이 흘러내려 소리까지 내면서 울었습니다. 주체할 수가 없었습니다. 그렇게 3일을 연속으로 울었습니다. 마음 깊은 곳에서 뜨거운 무엇이 흐르는 것을 분명히 느꼈습니다.

　힘들고 어려운 공양주 시절에도 시간만 나면 법당에 들어가 기도도 하곤 했습니다. 밤에 다른 공양주보살님이 잠이 들면 살포시 일어나 한 시간씩 앉았다가 자곤 하였습니다. 집에서 하는 공부와 절 도량에서 하는 수행은 나한테는 확연히 틀렸습니다.

　그때 일 년 동안 다리가 아파서 절뚝거리며 계단을 힘들게 오르락내리락 하였습니다. 어느 날 새벽예불 올리기 전 5분 정도 조용히 앉아 있었는데 갑자기 아픈 다리의 살이 쩍 벌려지더니 그 속에서 거머리가 수도 없이 빠져나오는 것이었습니다. 그 후부터 지금까지 다리가 한 번도 아픈 적이 없었습니다. 또 한 번은 팔꿈치 인대가 늘어나서 일을 하는데 어름풋이 누가 들어오는 느낌 이었습니다. 그 사람은 내 아픈 팔꿈치에 침을 한 방 놓고는 나가는 것이었습니다. 깨어나니 꿈이었습니다. 그런데 신기하게도 아픈 팔이 정말 거짓말처럼 나았습니다. 불보살님께 천 번 만 번 절을 올리고 싶은 심정이었습니다. 지금 생각해보니 그때가 제일 신심이 나고 염불공부가 제일 깊이 되는 때였습니다.

　전생에 저는 아마도 스님이었을 것입니다. 몰라도 참선하는 수행자였을 것 같습니다. 지금까지 천수경의 다라니도 암송이 되지 않습니다. 반야심경도 두 줄도 암기가 안 되는 것입니다. 광명진언 26글자를 백일동안 사경을 했는데도 암기가 안 되는 것입니다. 암기하려면 머릿속이 하얗게 되어서 전혀 암기가 되지 않습니다. 그래서 제일 간단한 '관세음보살' 명호만 열심히 부르고 있습니다.

공부하면서 알게 된 사실 하나는 세상 어떤 죽음도 부당하게 죽지는 않는다는 사실입니다. 사람이 어떻게 언제 죽는지 저승에는 이미 기록되어 있다는 것입니다. 공부하던 중 분명히 저승의 기록지를 보았습니다. 믿던 안 믿던 사실이라고 말하고 싶습니다. 우리의 운명이 이미 정해져 있지만 진정한 수행과 자비의 선행으로만 정해진 운명을 바꿀 수 있고, 그렇지 않으면 그 누구도 저승사자의 손아귀를 벗어날 수 없다는 사실입니다. 지나가는 한순간의 충동도 열정도 아닌 진실된 마음, 일관된 마음으로 부단히 참회하고, 선의를 베풀고, 덕을 쌓아야만 생사에서 자유로워지고 자기의 운명을 개척할 수 있다는 것을 깨닫게 된 것입니다.

저는 긴 세월동안 오로지 관세음보살 명호만 염했습니다. 다른 것은 할 수도 없고 할 줄도 몰라서 오로지 관음염불만 하게 되었습니다.

나에게는 작은 소망이 하나 있습니다. 지금 하는 간병 일을 3년만 더하고 그 다음 인연이 닿는 사찰에 가서 다시 공양주로 3년간 살다가 집으로 돌아가 죽는 날까지 관음염불만 하다가 인생을 마감하는 것 이것이 나의 소망입니다. 내가 인생을 마감하는 그날이 나의 인생에서 최고의 날이 되고 찬란한 빛을 바라면서 호탕하고 아주 평온하게 떠나는 것. 이것이 이루어지도록 정진하리라고 다짐해봅니다.

# 반야바라밀은 진실하여 헛됨이 없다

능제일체고 진실불허

能除一切苦 眞實不虛

일체의 고뇌를 제거하며 진실하여 헛되지 않다.


능제일체고 진실불허는 반야심경의 앞부분 조견오온개공 도일체고액의 내용을 다시 한 번 강조하면서 경전의 대미(大尾)를 장식하는 대목입니다. 지혜의 완성은 인간의 모든 고뇌를 제거합니다. 인간은 마음 안에서 오는 고통과 마음 밖에 있는 고난을 힘들고 어렵게 생각합니다. 고통과 고난을 계기로 병을 얻기도 합니다. 고뇌는 인간의 근본적 괴로움입니다.

반야바라밀 안에서는, 즉 지혜가 완성된 그 자리에서는 인간의 고뇌는 자취가 없이 녹아내려 버립니다. 진저리칠 추위도 태양의 웅장하고도 사심 없이 비추는 작용에 의해 추위는 물러나고 만물이 소생

할 기회를 맞게 됩니다. 드디어 때가 온 것입니다. 이것이 진리이며 반야바라밀 이치가 확연히 드러나 있는 것입니다. 끊임없이 비추는 햇빛아래에서는 고뇌의 그림자도 자취가 사라집니다.

그저 텅 빈 공간을 환하게 만들었을 뿐인데, 겨울은 죽고 봄은 살아나듯이 만물은 죽고 사는 때를 알아야 합니다. 또 그러한 이치와 진리를 저버리지 말아야합니다. 인생도 마찬가지입니다. 인생은 고뇌가 따르기 마련입니다. 우리들은 진리를 등진 개구쟁이 어린아이처럼 늘 반대편 길을 걷고 있습니다. 이러한 인생길은 고뇌가 따르기 마련입니다. 그것은 이치와 진리를 저버렸기 때문입니다. 그러나 이치와 진리의 길을 따르는 사람은 반야를 얻으려는 수행자는 반야바라밀의 차원 높은 태양이 넓고 깊은 내면에 환히 비추기 때문에 일체의 모든 고뇌가 말끔히 사라지는 것입니다.

진실불허는 반야바라밀이 진실하고 헛되지 않음을 알려주며 강한 믿음을 이끌어 내는 것입니다. 반야바라밀은 공(空)의 무대에서 멋진 연극을 펼쳐 보이며 공과 불공(不空)에 치우치지 않고 묘유를 만들어 냅니다. 그리고 묘유에 의지하여 바른 깨달음을 이끌어 냅니다. 이해하기 어렵고 실행하기 어려운 반야바라밀의 묘한 현상을 신비스럽고 불가사의한 주문으로 반야바라밀다의 모습과 역할을 알맞게 그려내기에 앞서 강한믿음을 일으키게 만듭니다.

'세상 사람들이여, 이 반야심경과 반야바라밀은 진실하며 헛되지 않습니다. 모두 이 반야바라밀을 아십시오. 그리고 이 반야바라밀에 의지하여 실천을 하십시오. 그래야만 당신들은 온갖 고뇌를 여의고 평화와 열반에 이르며 모든 붓다가 얻은 어떤 것에도 견줄 수 없는 최상의 바른 깨달음을 얻을 것입니다.'

정보와 지식의 세계에 살고 있는 우리들은 수많은 정보를 수집합니다. 인터넷 안에서는 상상을 초월한 지식과 정보들이 돌아다니고 있습니다. 그 많은 정보 중에 우리에게 유익한 지식과 정보도 있는 반면 거짓말로 꾸며진 그릇된 정보와 영혼을 혼란스럽게 하는 삿된 지식과 영상물도 있습니다.

세상이 발전할수록 우리들에겐 정보와 지식의 활용이라는 좋은 면이 있는 반면 헛된 지식정보가 노출되어 범죄에 이용되는 상황으로 옮겨질 수도 있습니다. 이러한 현실에서 본인이 얻은 지혜의 판단이 중요합니다. 수행의 힘이 삿된 지식과 영상물에서 벗어날 수 있습니다. 그러나 허망이 판치는 세상에 반야바라밀은 진실하여 전혀 헛되지 않음을 선포하며 이제 서서히 사자후를 토해냅니다.

# 가자, 깊은 마음속 우주를 향해

고설반야바라밀다주 즉설주왈
故說般若波羅蜜多呪 卽說呪曰
아제아제 바라아제 바라승아제 모지 사바하(3번)
揭諦揭諦 婆羅揭諦 婆羅僧揭諦 菩提 娑婆訶
그러므로 반야바라밀다의 주문을 설하노니
주문을 설해 이르되
아제아제 바라아제 바라승아제 모지 사바하.


이제 주문을 내세워 찬탄하며 경전을 매듭짓는 부분입니다. 앞에서는 산문으로 반야바라밀을 말하고 뒤에서 주문으로 다시 찬탄을 하는 것입니다. 이 주문은 옛날부터 인도의 올바른 소리이며 비밀스러운 말이기에 번역을 하면 영험을 잃는다고 해서 범어 그대로 놓아두는 것입니다.

전해져 내려오는 한 해석은 주(呪)에서 성자의 이름을 말하고 있고, 귀신을 말하고 있으며, 법의 깊고 깊은 함축된 의미를 말하고 있기에 딱 들어맞는 말이 없기에 범어 그대로 놓아둔다고 하였습니다.

이 주문을 해석하는 데는 여러 주장이 있어서 같지 않으나 주문의 해석은 비밀스럽게 해석을 해야 하는 것입니다.

'아제아제 바라아제 바라승아제 모지 사바하'는 음역한 것으로 범어로는 '가테가테 파라가테 파라상가테 보디 스바하(Gate Gate pāragate pārasamgate Bodhi Svāha)'입니다.

**아제아제**는 건너네건너네를 번역한 것입니다. 본문의 반야를 주문으로 노래한 것입니다.

**바라**는 본문의 바라밀다를 표현한 것으로 저쪽 언덕이라고 번역할 수 있습니다. 저쪽 언덕이란 불보살의 세계, 완성의 세계입니다. 최고의 고요와 평화가 이룩된 세계입니다.

**아제**는 건너다란 의미를 가지고 있습니다. 건너서 도착하는 곳이 불보살의 세계인 고요와 평화의 세계입니다.

**바라**는 저쪽 언덕 불보살의 세계.

**승아제**는 건너갔음을 완성하는 것을 말합니다. 혼자만이 아니라 대승적 차원의 발원으로 모두 건너가야 합니다.

**모지**는 보리라고 하며, 저쪽 언덕의 실체를 말합니다.

**사바하**는 신속하다고 번역할 수 있습니다. 신령스러운 지혜는 특출한 묘용이 있어서 신속하게 깨달음에 이르게 하는 것입니다.

그래서 주문의 뜻을 다시 한 번 말씀드리면 이렇습니다.

건너네 건너네. 저쪽 언덕으로 건너갔네. 저쪽 언덕으로 모두 건너갔네. 신속히 보리의 언덕으로 건너갔네.

뛰어나다 뛰어나다. 저쪽 언덕이 뛰어나다. 저쪽 언덕의 수행자가 뛰어나다. 깨달음이 완성됐네.

가자가자. 깊은 마음으로 들어가자. 깊은 마음으로 모두 들어가자. 마음속 우주를 향해 나아가자.

주문으로 대승불교의 정수이고 심오한 뜻이 담긴 반야심경을 이제 마무리 짓습니다. 반야심경은 공을 무대로 하여 반야바라밀의 실천을 이끌어 낸 경전입니다. 많은 사람들은 공(空)의 이해가 어렵고 두려워 공이란 무상의 벽에 걸려서 공에만 마음을 둔 채 반야심경의 진실한 뜻인 반야바라밀의 실천을 잊고 있습니다. 반야바라밀다의 실천은 반야바라밀다에 의지하는 것입니다. 몸과 마음으로 반야바라밀을 그리워하고 반야바라밀을 생각한다면 공과 무(無), 그리고 열반과 최고의 바른 깨달음을 얻는 것입니다. 그렇기에 반야심경의 주인은 반야바라밀입니다.

반야바라밀은 깊은 마음이라 할 수 있습니다. 깊은 마음속에서는 광활한 우주를 담고 있습니다. 우주에는 진공묘유의 반야바라밀의 도리가 스며들어 있습니다. 그래서 마음을 수행하는 것은 반야바라밀을 성취하는 것입니다.

우리들의 인생도 무엇을 향해 나가느냐에 따라 어떻게 생각하느냐에 따라서 고뇌를 이루는지, 진정한 행복과 평화가 만들어지는지는 명확히 갈려져 있습니다. 쉽고 빠르게 성공에 도착한다는 이유로 마음수행을 등지고 배반과 믿음을 가볍게 여기고 악을 실천하며 욕심만 채운다면 그러한 인생은 고뇌의 무더기를 쌓아 모으는 것 같아서 몸과 정신이 고통스럽게 절규하고 있을 것입니다.

반면에 힘들고 어렵더라도 희망을 가지고 선행을 하며 바른 정도의 길을 걸으면서 마음수행과 자기계발에 최선을 다한다면 이러한 인생은 구름에서 벗어난 태양처럼 머지않아 성공을 획득할 수 있으며 그 성공을 만은 사람을 위해 사용한다면 이것이 진정한 넓고 깊은 마음속을 수행하는 것이며, 반야바라밀을 실천하는 것이고 신비와 환상이 펼쳐지는 대 우주의 주인이 되는 길입니다.

반야바라밀 회상에서 모두 만나 어깨동무 할 때까지 열심히 정진합시다.